Lettre aux professeurs sur la liberté d'expression

Du même auteur

La Formation du couple, La Découverte, 2006, Paris (avec Michel Bozon).

Le Temps des immigrés. Essai sur le destin de la population française, La République des idées / Seuil, Paris, 2007.

Figures de la parenté. Une histoire critique de la raison structurale, Presses universitaires de France, Paris, 2009.

Parlons immigration en trente questions, 2e édition refondue, La Documentation française, Paris, 2016.

Avec l'immigration. Mesurer, débattre, agir. La Découverte, Paris, 2017.

Migrations et sociétés, Collège de France / Fayard, Paris, 2018.

François Héran

Lettre aux professeurs sur la liberté d'expression

La Découverte

Composé par DV Arts Graphiques à La Rochelle
Conception graphique de la couverture : Valérie Gautier
Dépot légal : mars 2021

Si vous désirez être tenu régulièrement informé de nos parutions, il vous suffit de vous abonner à notre lettre d'information sur notre site
www.editionsladecouverte.fr

ISBN 978-2-348-06927-7

Cet essai s'ouvre sur la lettre adressée le 30 octobre 2020 aux professeurs d'histoire-géographie depuis le site de La Vie des idées *(<laviedesidees.fr>). Je remercie chaleureusement les responsables du site, Pierre Rosanvallon et Florent Guénard, d'avoir autorisé cette reproduction. Les sections suivantes, tout en répondant à diverses critiques et objections, actualisent la lettre, la corrigent à l'occasion et développent librement ses arguments.*

Lettre aux professeurs d'histoire-géographie

Ou comment réfléchir en toute liberté sur la liberté d'expression

(*La Vie des idées*, 30 octobre 2020)

Des professeurs d'histoire-géographie m'ont consulté au sujet du cours d'éducation civique et morale qu'ils devront dispenser à l'issue des vacances de la Toussaint. Comment rendre hommage à Samuel Paty, odieusement assassiné le 16 octobre par un jeune djihadiste tchétchène parce qu'il avait commenté en classe des caricatures de Mahomet ? Quel sens donner à la liberté d'expression ? Comment défendre les valeurs républicaines sans nous isoler du reste du monde ? Certes, les enseignants bénéficieront du « cadrage » préparé par l'Éducation nationale. Certes, ils pourront s'inspirer du fervent hommage rendu par le président Macron dans la cour de la Sorbonne. Et, s'ils le souhaitent, ils pourront revenir sur la lettre de Jean Jaurès aux instituteurs. Mais, si la liberté d'expression nous est chère, nous devons pouvoir lui appliquer aussi notre libre réflexion, à condition de l'appuyer sur des données avérées. C'est le sens des conseils que je me permets de donner ici.

Retour aux textes

Premier conseil : faire découvrir aux élèves des textes « républicains » restés un peu dans l'ombre ces derniers temps. Plus souvent citée que lue, la lettre de Jules Ferry aux instituteurs posait des limites à l'enseignement de la morale : « Demandez-vous si un père de famille, je dis un seul, présent à votre classe et vous écoutant, pourrait de bonne foi refuser son assentiment à ce qu'il vous entendrait dire. Si oui, abstenez-vous de le dire ; sinon, parlez hardiment » (17 novembre 1883). En pleine discussion de la loi sur l'obligation scolaire et la laïcité de l'école primaire publique, Ferry était allé plus loin encore : « Si un instituteur public s'oubliait assez pour instituer dans son école un enseignement hostile, outrageant pour les croyances religieuses de n'importe qui, il serait aussi sévèrement et rapidement réprimé que s'il avait commis cet autre méfait de battre ses élèves ou de se livrer contre eux à des sévices coupables » (11 mars 1882). Vous avez bien lu : outrager les croyances religieuses des élèves, c'est aussi grave que de leur infliger des châtiments corporels ou abuser d'eux.

Faut-il en conclure que toutes les religions méritent le respect ? Oui, répond l'article 1er de la Constitution de 1958 : « La France est une République indivisible, laïque, démocratique et sociale. Elle assure l'égalité devant la loi de tous les citoyens sans distinction d'origine, de race ou de religion. Elle respecte toutes les croyances. » La dernière phrase peut choquer dans le contexte actuel. Certains rêvent peut-être de la modifier et d'affirmer que la République « ne respecte aucune croyance ». Mais, pour l'heure, tel est bien le texte de notre Constitution.

Quid, alors, de la « liberté d'expression », cette valeur suprême de la République ? Avec tout le tact nécessaire, vous expliquerez aux élèves que la législation française ne consacre pas littéralement la « liberté d'expression » : la loi de 1881 porte sur la liberté de la presse. D'autres textes évoquent la liberté d'opinion ou de conscience. Mais la « liberté d'expression » va plus loin, elle inclut tous les thèmes et les supports possibles, tout en revêtant une dimension plus individuelle. Ses contours sont si indéfinis qu'elle est presque synonyme de liberté tout court. Comme l'attestent les bases de données du vocabulaire français dressées à partir des millions de textes imprimés depuis 1730, « liberté d'expression » ne décolle dans le vocabulaire juridique et le langage courant qu'à l'issue de la Seconde Guerre mondiale. Elle était inconnue sous la IIIe République : on l'employait dans un sens esthétique (« peindre un sujet avec une grande liberté d'expression »).

La notion apparaît pour la première fois dans la Déclaration universelle des droits de l'homme (1948), couplée à la liberté d'opinion : « Tout individu a droit à la liberté d'opinion et d'expression, ce qui implique le droit de ne pas être inquiété pour ses opinions et celui de chercher, de recevoir et de répandre, sans considérations de frontières, les informations et les idées par quelque moyen d'expression que ce soit. » Le texte a été préparé par le Canadien John Peters Humphrey, chef de la division des Droits de l'homme aux Nations unies, et révisé par le Français René Cassin, vice-président du comité de rédaction de la déclaration. « Liberté d'expression » est la version française de *freedom of expression*. C'est seulement en 1950, dans l'article 10 de la Convention européenne des droits de l'homme, que la locution « liberté d'expression » apparaît seule, dans la plénitude de son sens actuel.

On s'imagine que nos plus hautes valeurs sont toutes d'origine « républicaine » et ne doivent rien au monde anglo-saxon, volontiers traité en repoussoir.

C'est inexact et les élèves doivent le savoir. La « liberté de la presse » elle-même n'est pas fille de la Révolution française, encore moins de la loi de 1881 : on la doit au *Virginia Bill of Rights*, la Déclaration des droits de Virginie, publiée en 1776, qui gagnera le reste des États-Unis, puis le monde occidental.

Droits et devoirs de la liberté d'expression

Sur la liberté d'expression, on lira avec profit, à condition de la compléter, la tribune récente (*Le Monde* du 26 octobre) de Christophe Bigot, spécialiste du droit des médias et avocat de groupes de presse. Il cite le fameux arrêt *Handyside*, rendu le 7 décembre 1976 par la Cour européenne des droits de l'homme : « La liberté d'expression constitue l'un des fondements essentiels d'une société démocratique, l'une des conditions primordiales de son progrès et de l'épanouissement de chacun. Sous réserve des restrictions mentionnées notamment dans l'article 10 de la Convention européenne des droits de l'homme, elle vaut non seulement pour les informations ou les idées accueillies avec faveur, ou considérées comme inoffensives ou indifférentes, mais aussi pour celles qui heurtent, choquent ou inquiètent l'État ou une fraction quelconque de la population. Ainsi le veulent le pluralisme, la tolérance et l'esprit d'ouverture sans lesquels il n'y a pas de société démocratique. » Si l'on veut honorer la mémoire de Samuel Paty, conclut l'avocat, voilà un « idéal intangible ». Vous remarquerez au passage qu'il est question de démocratie et non de république. La République, en l'espèce, n'est qu'une variante de la démocratie.

Demandez alors à vos élèves de lire l'article 10 de la Convention européenne des droits de l'homme : « Toute personne a droit à la liberté d'expression. Ce droit comprend la liberté d'opinion et la liberté de recevoir ou de communiquer des informations ou des idées sans qu'il puisse y avoir ingérence d'autorités publiques et sans considération de frontière [...]. » Mais voici le second alinéa : « L'exercice de ces libertés comportant des devoirs et des responsabilités peut être soumis à certaines formalités, conditions, restrictions ou sanctions, prévues par la loi, qui constituent des mesures nécessaires, dans une société démocratique, à la sécurité nationale, à l'intégrité territoriale ou à la sûreté publique, à la défense de l'ordre et à la prévention du crime, à la protection de la santé ou de la morale, à la protection de la réputation ou des droits d'autrui [...]. »

La liste est longue des « devoirs et responsabilités » qui encadrent la liberté d'expression. Qui donc les définit ? Cela incombe à chaque pays. La Cour de Strasbourg ne juge pas à la place des États souverains, elle vérifie qu'ils régulent la liberté d'expression de façon « proportionnée » par rapport à leur propre législation et à l'état des mœurs. En l'espèce, l'arrêt *Handyside* de 1976 cité par Me Bigot concluait que les autorités britanniques n'avaient aucunement violé l'article 10 de la convention en ordonnant la saisie et la destruction d'un manuel d'éducation sexuelle pour enfants jugé contraire aux bonnes mœurs britanniques ! Il est donc paradoxal d'invoquer cet arrêt pour honorer la mémoire de Samuel Paty. S'il doit retenir l'attention des élèves, c'est sur un point précis : la liberté d'expression peut inclure l'expression d'idées choquantes ou blessantes, mais toujours dans les conditions admises par la loi.

Liberté offensive ou tolérante ?

Mais alors, que répondre à un élève qui vous opposerait l'article 8 de la Déclaration des droits de l'homme et du citoyen : « La liberté consiste à pouvoir faire tout ce qui ne nuit pas à autrui » ? Comme le souligne le politiste Denis Ramond (*Raisons politiques* 2011/4 et 2013/4), deux interprétations s'opposent : offensive ou tolérante. Dans la lecture offensive, celle de la Cour de Strasbourg, toute parole ou image, même offensante, alimente le débat public et, donc, sert la démocratie. Elle serait bénéfique pour tous, y compris pour la minorité offensée. Une telle position est typiquement « paternaliste » : l'auteur de l'affront sait mieux que ses victimes ce qui est bon pour elles ; il estime que la blessure sera effacée par le surcroît de lumières ainsi dispensé. À la limite, l'offensé devrait remercier l'offenseur de cette belle leçon de liberté, y compris quand le donneur de leçon est un chef d'État étranger. Vous inviterez vos élèves à illustrer les effets de cette théorie à l'aide d'exemples récents.

L'autre interprétation du droit de libre expression prend au sérieux le principe de non-nuisance affirmé en 1789 et le principe du respect des croyances posé en 1882 par Jules Ferry et rappelé dans la Constitution de 1958. C'est une interprétation foncièrement pluraliste. Sur la pluralité des valeurs, vos élèves liront avec profit le philosophe Paul Ricœur (entretien avec Anita Hocquard publié en 1996 dans *Éduquer, à quoi bon ?*) : « Nous ne vivons pas dans un consensus global de valeurs qui seraient comme des étoiles fixes. C'est là un aspect de la modernité et un point de non-retour. Nous évoluons dans une société pluraliste, religieusement, politiquement, moralement, philosophiquement, où chacun n'a que la force de sa parole. Notre monde n'est plus enchanté. La chrétienté comme phénomène de masse est morte […] et nos convictions ne peuvent plus s'appuyer sur un bras séculier pour s'imposer. […] Préparer les gens à entrer dans cet univers problématique m'apparaît être la tâche de l'éducateur moderne. Celui-ci n'a plus à transmettre des contenus autoritaires, mais il doit aider les individus à s'orienter dans des situations conflictuelles, à maîtriser avec courage un certain nombre d'antinomies. » Et Ricœur de citer trois exemples d'antinomies : préserver l'autonomie de chacun tout en entrant dans un espace public de discussion, appartenir à une tradition vivante sans exclure la présence d'autres traditions, avoir des convictions personnelles tout en pratiquant « une ouverture tolérante à d'autres positions que la sienne ». Il faudra expliquer aux élèves que le pluralisme selon Ricœur n'est pas synonyme de relativisme : c'est une valeur fondamentale de la démocratie.

Comment trancher entre ces deux visions de la liberté d'expression, l'offense charitable et le respect d'autrui ? Un procédé expéditif consiste à reformuler le dilemme en termes psychologiques ou moralisants : vous serez « courageux » si vous persistez à offenser l'autre, « lâche » dans le cas contraire. Apprenez donc à vos élèves à ne pas tomber dans un piège sémantique aussi grossier. Cessons de diviser la nation en taxant nos contradicteurs d'« ennemis de la République » ou d'« ennemis de la France » : c'est une façon indigne de les exclure du débat et de les exclure de la nation. Personne n'est propriétaire de la République. Nous avons encore le droit d'accorder un minimum de considération aux croyants ou incroyants sans être accusés de complaisance avec les assassins. Les fidèles musulmans habitués à diviser le monde entre croyants et « mécréants » devront d'ailleurs en tirer les conséquences : c'est au prix de cette révolution mentale qu'ils pourront s'intégrer à la nation. Vous rappellerez aux élèves que la Déclaration universelle des droits de l'homme affirme le droit de changer de religion ou de ne plus croire : c'est la raison pour laquelle l'Arabie saoudite a refusé d'y souscrire. Et si un élève trop cartésien cherchait à savoir pourquoi notre République laïque tisse des liens si forts avec le régime wahhabite, mieux vaut renvoyer la question à la cellule laïcité du rectorat.

Un conseil de Paul Ricœur aux éducateurs

Un synonyme fréquent de la prétendue « lâcheté » de ceux qui osent prendre en compte l'existence d'autrui est la « complaisance » ou la « compromission ». Dans l'entretien déjà cité, Ricœur fournit l'antidote à ces sophismes : « Le compromis, loin d'être une idée faible, est une idée au contraire extrêmement forte. Il y a méfiance à l'égard du compromis, parce qu'on le confond trop souvent avec la compromission. La compromission est un mélange vicieux des plans et des principes de référence. II n'y a pas de confusion dans le compromis comme dans la compromission. Dans le compromis, chacun reste à sa place, personne n'est dépouillé de son ordre de justification. » On peut appliquer cette leçon à l'accusation infamante de « complaisance » envers le djihadisme ou d'« islamo-gauchisme » – le type même de la formule magique d'exécration qui substitue l'injure à l'analyse et n'a pas sa place en démocratie. Intégrer l'existence d'autrui dans sa vision du monde, ce n'est pas pratiquer la haine de soi, c'est sortir de soi pour se grandir. À condition, bien sûr, que l'effort soit réciproque.

Dans un tweet diffusé à l'attention des pays musulmans, le président Macron écrit : « Nous continuerons. Nous nous tiendrons toujours du côté de la dignité humaine et des valeurs universelles. » Dignité étant effectivement le maître-mot, je ne vous conseille pas d'examiner une à une avec vos élèves les caricatures de *Charlie Hebdo*, mais plutôt de faire un cours sur l'histoire de la caricature politique et religieuse en France. Vos élèves comprendront qu'en ce domaine comme en d'autres, il y a le meilleur et le pire. Tout le monde n'est pas Daumier, Nadar ou Doré ou, de nos jours, Chappatte, Dilem, Pétillon ou Plantu. Le talent artistique de Cabu reste indépassé, de même que l'autodérision sur nos obsessions sexuelles chère à Wolinski. On connaît la une de *Charlie* du 8 février 2006, où Cabu campe le prophète en pleurs s'écriant : « C'est dur d'être aimé par des cons ! », avec cette légende surimprimée : « Mahomet débordé par les intégristes ». La cible est clairement définie, alors que la caricature de Coco, « Une étoile est née », représentant Mahomet nu en prière, offrant une vue imprenable sur son postérieur, visait l'islam tout court. Les attentats, depuis, ont sacralisé toutes les caricatures sans distinction. Comment expliquer aux élèves que nous sommes arrivés au point où c'est justement quand la caricature est nulle, réduite à sa fonction la plus dégradante, sans dimension artistique, humoristique ou politique, qu'elle est censée illustrer à l'état pur la liberté d'expression et nos plus hautes valeurs républicaines, y compris l'affirmation de la dignité humaine ? À l'impossible nul n'est tenu.

À la question de savoir si j'ai encore le droit, au pays de la libre expression, de m'indigner du caractère offensant de certaines caricatures sans être accusé de haïr la République, la pesante atmosphère qui règne aujourd'hui me dit que non. Poussée à l'absolu, la libre expression ne tolère plus la libre critique. Les textes constitutionnels que j'ai cités ont beau évoquer le respect des croyances, on peut dire que les djihadistes ont atteint leur but : nous pousser à bout, ériger les caricatures en absolu, au risque d'isoler la France. Vos élèves liront avec profit le sage éditorial de Soulayma Mardam Bey dans le quotidien francophone libanais *L'Orient-Le Jour* (27 octobre 2020) : « Pour beaucoup de Français, les caricatures sont aujourd'hui le symbole même de leur identité. Pour beaucoup de musulmans au Moyen-Orient, elles sont la négation de la leur. Ce dialogue de sourds prend actuellement des proportions démesurées, chacun se drapant dans une conception puriste et quelque peu anachronique de qui il est, la République pour les uns, l'islam pour les autres, comme si l'une et l'autre, en plus d'être par nature inconciliables, répondaient de surcroît à des critères immuables, hermétiques au temps et à l'espace. »

De fait, il est tout aussi vain de camper sur l'unicité de la République, source exclusive de toute valeur, que de pousser à l'extrême l'idéologie politique de l'unicité en islam, la fameuse *tawhid.* Professeurs d'histoire-géographie, votre mission est justement de rappeler que nous sommes plongés dans le temps et dans l'espace, que nos valeurs les plus chères, y compris la liberté d'expression, ont une histoire souvent venue d'ailleurs, et que nous devons garder prise sur leur définition et leurs conditions d'exercice. Je sais : cette tâche dépasse vos forces et le « cadrage » officiel a ses limites. Mais si vous voulez faire de vos élèves des citoyens et, tout simplement, des adultes, apportez-leur tous les éléments du débat, comme j'ai essayé de le faire ici. Ne les enfermez pas dans des vérités toutes faites. Ils méritent mieux que cela.

Publié sur le site de La Vie des idées
le 30 octobre 2020.

Octobre 2020 : crime et boniments

Nous avons tous en tête le meurtre de Samuel Paty, professeur d'histoire-géographie dans un collège de Conflans-Sainte-Honorine assassiné le 16 octobre 2020 par un jeune djihadiste pour avoir montré à ses élèves des « caricatures de Mahomet » publiées par *Charlie Hebdo*. Dans les dix jours qui ont suivi, d'étranges polémiques ont occupé la presse écrite et parlée, largement attisées par le ministre de l'Éducation nationale. Elles ont d'abord porté sur le renforcement du principe de laïcité, avant de basculer dans la dénonciation des études « décoloniales », « indigénistes », « racialistes » ou « intersectionnelles », accusées d'avoir créé une atmosphère intellectuelle propice aux attentats djihadistes. Les auteurs de ces études, qualifiés de « bonimenteurs » par Pierre-André Taguieff dans un pamphlet paru en ce même mois d'octobre, *L'Imposture décoloniale*, auraient « gangrené » l'Université. Quel rapport avec l'assassinat de Samuel Paty ? Quel rapport avec les caricatures ? En quoi ces polémiques pouvaient-elles aider les enseignants à préparer le cours d'éducation civique et morale sur la liberté d'expression qu'ils devaient assurer le 2 novembre 2020 ? Pouvait-on tenter d'élever le débat ? Petite chronique critique sur les quinze jours qui m'ont conduit à publier, le 30 octobre 2020, ma « Lettre aux professeurs d'histoire-géographie ».

Une scène de crime piétinée par la polémique

Le 2 septembre 2020 s'ouvrait devant la cour d'assises spéciale de Paris le procès des complices des tueries de *Charlie Hebdo*, de Montrouge et de l'Hyper Cacher, perpétrées du 7 au 9 janvier 2015. Le jour de l'ouverture du procès, l'hebdomadaire décida de republier les « caricatures de Mahomet » incriminées par les djihadistes. Le titre à la une, « Tout ça pour ça », rappelait qu'on avait massacré douze personnes pour quelques dessins. Le directeur de la rédaction, Riss, justifia la republication : « Nous ne nous coucherons jamais, nous ne renoncerons jamais. » Il y eut des protestations officielles dans le monde musulman, dont celle, très opportuniste, du Premier ministre pakistanais, Imran Khan, en quête d'un appui du côté d'un parti religieux extrémiste. Emmanuel Macron, qui donnait ce jour-là une conférence de presse au Liban, défendit la « liberté de blasphémer », rappelant au passage qu'il était lui-même exposé à la critique :

> Depuis les débuts de la IIIe République il y a en France une liberté de blasphémer qui est attachée à la liberté de conscience. Je suis là pour protéger toutes ces libertés. Je n'ai pas à qualifier le choix de journalistes. J'ai juste à dire qu'en France on peut critiquer des gouvernants, un président, blasphémer, etc.

Avant de poursuivre cette chronique, je dirai deux mots sur la notion même de « caricature de Mahomet ». Elle n'est pas aussi simple qu'on l'imagine. « Mahomet » est la vieille graphie française de Muhammad. Je la conserve ici pour signaler qu'elle ne désigne pas le fondateur de l'islam mais son image en Occident. La *caricature* est, à la lettre, l'art de la *charge*, c'est-à-dire le fait d'accentuer les traits ou l'allure d'une personne pour révéler sa nature profonde. Mais l'apparence physique de Mahomet n'étant pas plus connue que celle de Moïse, Bouddha ou Jésus, aucune référence ne permet de la « charger ». On le voit bien en découvrant les nombreux dessins publiés à ce jour sur Mahomet, caricaturer le prophète de l'islam, c'est d'abord afficher l'image qu'on se fait en Occident du musulman type, avec son physique (nez busqué, barbe ou barbiche), sa tenue (« orientale »), sa gestuelle (notamment la prosternation dans le rite de la prière), à quoi s'ajoute une attitude volontiers menaçante (rictus, port d'arme...). Une « caricature de Mahomet » est toujours une caricature de caricature, la déformation d'une image déjà déformée. Elle en dit davantage sur les desseins du dessinateur que sur le personnage dessiné. Prétendre qu'une « caricature de Mahomet » ne vise aucun musulman en particulier mais seulement une croyance en général est un argument spécieux, que je réfuterai le moment venu. C'est bien un collectif qui est visé, l'ensemble des musulmans.

En France, les dessinateurs qui cherchent aujourd'hui à représenter « Mahomet » s'inspirent souvent de la figure du vizir Iznogoud croquée par Jean Tabary de 1962 à 2004 dans une bande dessinée qui a désormais sa place dans le patrimoine culturel national. Des générations de lecteurs s'en sont délectées. Conçues jusqu'en 1978 sur un scénario de René Goscinny, les histoires d'Iznogoud font une vingtaine de pages chacune. Elles racontent la soif de pouvoir d'un vizir survolté et teigneux qui n'a qu'un rêve : « devenir calife à la place du calife », mais sans jamais éveiller les soupçons de ce dernier, le bon Haroun-el-Poussah. Dissimulant ses noirs desseins, l'« infâme Iznogoud » agit à coups de ruses et de sortilèges.

Mais chaque tentative de renversement tourne au fiasco, ce qui remet à zéro le compteur et le conteur pour un nouvel épisode. Truffées de calembours, jouant sur le comique de répétition et les retournements de situation les plus cocasses, dessinées avec une vivacité sans pareille, les aventures d'Iznogoud se situent dans un décor orientaliste de pacotille, où l'on bascule sans peine de la cité de Bagdad au désert de dunes. Quand elle emprunte à Tabary l'image de l'odieux vizir, la caricature française de Mahomet devient ainsi une caricature de caricature de caricature. Cet emboîtement peut marquer un recul ironique ou parodique, un art du second, voire du troisième degré. Il aboutit aussi à renforcer de vieux stéréotypes. Tout dépend de la culture du dessinateur et de celle du lecteur. Autant de dimensions qu'il faudrait analyser si l'on voulait vraiment faire des « caricatures de Mahomet » un outil pédagogique d'émancipation.

Mais reprenons le fil des événements en ce mois d'octobre 2020.

Le procès de la cour d'assises spéciale se poursuit lorsque, le 16 octobre, tombe une nouvelle atterrante : un professeur de collège de Conflans-Sainte-Honorine a été décapité en pleine rue, à proximité de son établissement, pour avoir montré à ses élèves de quatrième des caricatures de *Charlie Hebdo*. Son nom sera bientôt connu de la France entière : Samuel Paty, âgé de quarante-sept ans, professeur d'histoire-géographie qui donnait aussi des cours d'EMC, l'éducation morale et civique. Quant au meurtrier, rapidement abattu par la police, on apprendra qu'il s'agissait d'un Tchétchène âgé seulement de dix-huit ans, Abdoullakh Anzorov, qui vivait à Évreux depuis l'âge de six ans avec ses parents réfugiés.

L'assassinat de Samuel Paty s'inscrit dans la longue série d'attentats djihadistes qui frappent la France depuis 1995, l'année de la meurtrière équipée de Khaled Kelkal[1]. Cette fois, ce n'est pas seulement la barbarie du mode opératoire qui saisit l'opinion, c'est aussi le fait qu'un jeune homme armé de son seul couteau puisse frapper d'un coup, au nom de l'islam, plusieurs valeurs centrales de la République : la liberté d'expression à l'égard des religions, la mission émancipatrice de l'Éducation nationale, le principe de laïcité et le fonctionnement de la justice – puisque l'assassin, au moment où se déroulait le procès de la cour d'assises spéciale, a voulu faire

---

1. La série se poursuivra à Nice quinze jours plus tard, le 29 octobre, en visant cette fois l'Église catholique. Un Tunisien qui venait d'entrer en France, armé lui aussi d'un couteau, assassine le sacristain de la basilique Notre-Dame de l'Assomption ainsi que deux fidèles. La dépêche venait de tomber quand j'ai envoyé ma lettre à *La Vie des idées*.

justice lui-même au nom d'une loi religieuse qu'il prétendait imposer à l'ordre politique.

Le 21 octobre, sur l'initiative de l'Élysée, un hommage solennel est rendu à la mémoire de Samuel Paty dans la cour de la Sorbonne. Emmanuel Macron préside la cérémonie. Il dresse un vibrant portrait du professeur avant de proclamer : « Nous ne renoncerons pas aux caricatures, aux dessins, même si d'autres reculent. » Puis, changeant de registre, il rappelle les missions de l'Éducation nationale : offrir « toutes les chances que la République doit à toute sa jeunesse sans discrimination aucune », enseigner l'Histoire avec « ses gloires et ses vicissitudes », cultiver « l'humour et la distance », apprendre « la tolérance » et « le respect de l'autre », priser « le débat, les arguments raisonnables, les persuasions aimables ». Nous voilà loin des caricatures de *Charlie Hebdo*. La dernière formule du président (« les persuasions aimables ») surprend. C'est une allusion à un discours d'Abraham Lincoln souvent cité aux États-Unis : « Quand on cherche à influencer le comportement des gens, mieux vaut user de la persuasion, une persuasion aimable, toute en retenue[2]. »

2. « *When the conduct of men is designed to be influenced, persuasion, kind, unassuming persuasion, should ever be adopted* » (Abraham Lincoln, discours pour le 110e anniversaire de la mort de George Washington).

Les médias français et étrangers ne retiendront du discours présidentiel que la phrase sur les caricatures. Elle fait écho à celle de Riss justifiant la republication des caricatures : « Nous ne renoncerons jamais. » Mais que signifie ce « nous » dans la bouche du président de la République ? En quoi se distingue-t-il du « nous » qu'emploie le rédacteur en chef de l'hebdomadaire ? On verra que la réponse à ces questions ne va pas de soi.

En cette fin du mois d'octobre 2020, peu d'informations ont filtré sur les inspirateurs ou les complices de l'attentat. La police judiciaire, l'inspection du ministère de l'Éducation nationale et la presse mènent en parallèle leur enquête en remontant des pistes concrètes : les contacts exploratoires de l'assassin sur les réseaux sociaux, l'action d'un parent d'élève qui s'est dit offusqué par les caricatures mais dont la fille n'a pas assisté au cours incriminé, le relais assuré par un agitateur islamiste connu des services de police, lequel, après avoir rencontré le chef d'établissement, a nommément désigné Samuel Paty à la vindicte des réseaux sociaux et attiré sur lui l'attention d'Anzorov. Sans oublier ces collégiens que l'assassin a soudoyés avec quelques billets pour identifier un professeur qu'il ne connaissait pas...

Dans la semaine qui suit l'attentat, les deux ministres directement concernés se répandent en déclarations comme s'ils craignaient d'être mis sur la sellette. Leurs administrations respectives n'ont pas pu enrayer l'engrenage qui a conduit au pire. Aussi s'empressent-ils l'un et l'autre de désigner des coupables extérieurs. Le ministre de l'Intérieur, Gérald Darmanin, ne s'en prend pas seulement à l'association islamiste de l'agitateur qui est intervenu au collège, il dénonce aussi la principale association de défense des musulmans dans les affaires de discrimination, le Collectif contre l'islamophobie en France (CCIF), au motif qu'un parent d'élève avait songé à le saisir. C'est « une officine contre la République », décrète le ministre, elle perçoit des subventions publiques tout en dénonçant le « racisme d'État » ; il est urgent de la dissoudre (*Libération*, 26 octobre 2020).

De son côté, le ministre de l'Éducation nationale, Jean-Michel Blanquer, entend profiter du choc de l'attentat pour se débarrasser d'une institution qu'il n'aime guère : l'Observatoire de la laïcité présidé par Jean-Louis Bianco et animé par son rapporteur général, Nicolas Cadène. Placé auprès du Premier ministre pour organiser des formations à la laïcité, l'observatoire déclare s'en tenir strictement à la loi de 1905 sur la séparation de l'Église et de l'État. Il s'oppose à toute révision de la loi, alors que le camp laïciste juge une telle réforme indispensable au motif que l'essor de l'islam radical en France aurait changé la donne et requerrait une « nouvelle laïcité ». Jean-Michel

Blanquer réclame l'éviction de Nicolas Cadène. Dans un premier temps, le Premier ministre semble céder : Matignon annonce le 20 octobre que l'observatoire sera renouvelé pour être « davantage en phase avec la stratégie de lutte contre les séparatismes ». Mais le même jour dans *Libération*, une quinzaine d'universitaires, dont Jean Baubérot et Pierre Rosanvallon, soutiennent fermement l'action de l'observatoire dans une lettre au président de la République[3]. À quoi les partisans du ministre ripostent dans le *Journal du dimanche* du 24 octobre par un appel à une « laïcité pleine et entière » réclamant des « organismes publics adaptés » aux nouvelles exigences de la laïcité[4]. Ils n'obtiendront pas gain de cause : Nicolas Cadène restera en place.

Avec nombre d'observateurs, je m'interroge : pourquoi, dans de pareilles circonstances, raviver ces polémiques sur la laïcité ? Quel est le rapport avec le meurtre de Samuel Paty survenu huit jours plus tôt ? Comment croire que les nouvelles structures réclamées par les partisans d'une laïcité renforcée auraient

---

3. « Soutenons l'Observatoire de la laïcité », *Libération*, 21 octobre 2020.

4. « Badinter, Fourest, Malka, Gauchet : l'appel de 49 personnalités "pour une laïcité pleine et entière" », *Journal du dimanche*, 24 octobre 2020. Figurent aussi parmi les signataires Gwénaële Calvès, Jean Glavany, Catherine Kintzler, Henri Peña-Ruiz, Dominique Reynié, Pierre-André Taguieff.

pu entraver en quoi que ce soit le projet meurtrier du jeune Anzorov ? Les professeurs et l'opinion attendent des actions urgentes sur d'autres terrains : un meilleur système de détection et de protection, une surveillance plus efficace des réseaux sociaux, voire la levée de leur anonymat. Or la tribune du *JDD* en faveur d'une laïcité « entière » ne se situe pas sur ce registre concret. Délaissant le thème de la laïcité, elle place la polémique sur un nouveau terrain ; elle s'en prend désormais à un mystérieux agrégat d'adversaires intérieurs, aussi flou dans ses contours que radical dans ses objectifs : « Les mêmes qui depuis trois décennies tentent de convaincre les Français qu'ils sont coupables de tout, qu'ils ne voient pas ce qu'ils voient, que, s'ils meurent sous les balles et les lames des couteaux, c'est bien leur faute et non celle des assassins. » Rhétorique violente mais allusive : qui donc a jamais soutenu des thèses aussi absurdes ?

Loin d'apaiser le débat, Jean-Michel Blanquer enfonce le clou dans une série d'interventions au Sénat, sur Europe 1 et dans le *Journal du dimanche* (23 et 24 octobre 2020). Il dénonce les « complicités intellectuelles du terrorisme », ces intellectuels « islamo-gauchistes », qui défendent des thèses « identitaires » et « intersectionnelles » importées des États-Unis : elles « gangrènent » l'Université française, à commencer par les sciences sociales, elles brisent le pacte républicain, elles ont créé une atmosphère propice aux attentats. De la polémique sur la laïcité le ministre passe à la dénonciation de l'« islamo-gauchisme ».

La violence de ces invectives surprend. Elles reprennent en fait, et sans le moindre recul, les lourdes accusations lancées par exemple par le politiste Laurent Bouvet dans *La Nouvelle Question laïque*, publiée en janvier 2019. Il existe, selon ce dernier, un « continuum » entre les universitaires postcoloniaux et le terrorisme islamique : « Ces idées tuent », soutient le polémiste, qui parle également d'un « processus idéologique mortifère »[5]. Mais, ayant cité de nombreux noms, il doit tempérer son accusation, quitte à brouiller le message : ces idées assassinent « sans qu'il y ait nécessairement de causalité et encore moins de responsabilité directe imputable à tel ou tel évidemment ». Une autre source d'inspiration du ministre est *L'Imposture décoloniale* de Pierre-André Taguieff, parue quelques semaines plus tôt[6]. Dédié à Laurent Bouvet, ce pamphlet reprend largement, dans sa deuxième section, une longue tribune

---

5. Laurent Bouvet, *La Nouvelle Question laïque : choisir la République*, Flammarion, Paris, 2019, p. 262-263.

6. Pierre-André Taguieff, *L'Imposture décoloniale. Science imaginaire et pseudo-antiracisme*, Éditions de l'Observatoire, Paris, 2020. Directeur de recherche émérite au CNRS, Taguieff est l'auteur d'une trentaine d'essais sur le racisme et l'antiracisme, l'antisémitisme et le complotisme.

collective publiée dans *L'Express* en décembre 2019[7], qui fustigeait les « bonimenteurs » des études postcoloniales, l'affairisme de certains, leur « entrisme » dans le monde universitaire – allusion au fait que les adeptes des théories nouvelles, une fois passée leur thèse, ont l'audace de candidater sur des postes académiques.

Les attaques de Jean-Michel Blanquer soulèvent un tollé dans le monde des universités, des organismes de recherche et des revues de sciences sociales. Les tribunes de protestation se succèdent dans la dernière semaine d'octobre, dont celle de la CPU, la Conférence des présidents d'université[8]. Sans surprise, là encore, les soutiens du ministre se mobilisent. *Le Monde* du 31 octobre publie une tribune signée d'une « centaine d'intellectuels », regroupés autour des défenseurs habituels d'une laïcité de combat[9]. Ils louent la lucidité du ministre

---

7. « Les bonimenteurs du *postcolonial business* en quête de respectabilité académique », *L'Express,* 26 décembre 2019. L'hebdomadaire précise que l'« instigateur » du texte est Pierre-André Taguieff. Les autres signataires sont Laurent Bouvet, Nathalie Heinich, Isabelle de Mecquenem, Dominique Schnapper et Véronique Taquin.

8. « L'Université, un lieu de débats et de construction de l'esprit critique », communiqué du 23 octobre 2020 (publié sur le site de la CPU).

9. Dont, derechef, Laurent Bouvet et Pierre-André Taguieff, ainsi que Luc Ferry, Marcel Gauchet, Nathalie Heinich, Gilles Kepel, Catherine Kintzler, Pierre Nora.

qui a osé endosser leur diagnostic. Ils reviennent à la charge : le monde universitaire est sous l'emprise croissante des idéologies « indigénistes, racialistes et décoloniales ». Le ministre avait qualifié Abdoullakh Anzorov d'« assassin conditionné par d'autres gens, en quelque sorte des auteurs intellectuels de cet attentat » – une phrase qui visait les réseaux islamistes mais que les signataires étendent à toute la mouvance universitaire « islamo-gauchiste ». Les sciences sociales, dénoncent-ils, n'analysent pas les maux de la société, elles les attisent ! Et de conclure leur tribune en adjurant la ministre de l'Enseignement supérieur et de la Recherche d'intervenir : Frédérique Vidal doit de toute urgence « mettre en place des mesures de détection des dérives islamistes », prendre position contre les idéologies qui les « sous-tendent » et « créer une instance chargée de faire remonter directement les cas d'atteinte aux principes républicains et à la liberté académique ». Tout cela au nom de la liberté d'expression. Frédérique Vidal n'en aura cure. Ancienne présidente d'université, elle sait que les étudiants du supérieur sont majeurs et qu'on ne les traite pas comme des collégiens ou des lycéens. Elle adressera un message de soutien aux universités et aux organismes de recherche, sans se laisser impressionner par les éclats de son collègue du gouvernement.

Quinze jours à peine se sont écoulés depuis l'exécution de Samuel Paty. En déclenchant une polémique latérale d'une telle agressivité, le ministre de l'Éducation nationale et ses fidèles ont, pour ainsi dire, déplacé la scène de crime. Ils exploitent l'attentat sur la scène médiatique en délaissant l'analyse objective des faits. Comment croire qu'un courant d'études critiques ayant des attaches universitaires comme bien d'autres courants ait pu armer intellectuellement le jeune Abdoullakh Anzorov ? Alors que le président de la République lance une série de *tweets* qui appellent solennellement la nation à s'unir[10], les attaques obstinées du ministre contre l'Université font l'inverse : elles exacerbent les divisions.

Dans le même temps, par un singulier contraste, le ministre reste très prudent sur la place des « caricatures de Mahomet » à l'école. Un journaliste du *JDD* lui demande si elles devront figurer désormais dans les manuels de classe, comme le réclame Zineb El Rhazoui, une ancienne journaliste de *Charlie Hebdo*. Pour cette dernière, il faut non seulement montrer les caricatures aux élèves le jour de la rentrée mais « introduire ces dessins de façon durable dans les programmes, car ils

10. Tel celui du 29 octobre : « Françaises, Français, quelle que soit votre religion, croyant ou non, nous devons dans ces moments nous unir. Ne rien céder à l'esprit de division. »

font après tout partie de l'histoire de notre pays[11] ». Interrogé sur ce point, Jean-Michel Blanquer dissimule mal son embarras. Il n'est pas question de censurer les caricatures, ce serait céder lâchement à l'« engrenage de l'intimidation ». Mais, d'un autre côté, il faut respecter la « liberté pédagogique et éditoriale ». Et d'avancer un troisième argument : ce ne sont après tout que des caricatures, moins agressives qu'il n'y paraît et qui ne méritent pas tant d'indignation :

> Chacun doit comprendre que les caricatures de Mahomet ne représentent pas une obsession de notre part de se moquer de Mahomet ! C'est le malentendu que nous devons dissiper avec une partie du monde musulman qui, de bonne foi, pense qu'il y a une volonté d'agression. L'agression vient plutôt de personnages qui attisent la violence en donnant de fausses interprétations de ce qui se fait et se dit en France[12].

Cette modération tient aussi à la consigne donnée cette semaine-là aux membres du gouvernement :

---

11. « Zineb El Rhazoui : "Le CCIF mène un djihad judiciaire" » (entretien avec Clément Pétreault), *Le Point*, 22 octobre 2020.

12. « Hommage à Samuel Paty, lutte contre l'islamisme : Blanquer précise au *JDD* ses mesures pour la rentrée scolaire », *Journal du dimanche*, 24 octobre 2020.

ne pas contrarier les efforts de communication du président Macron à l'adresse du monde musulman, qui déboucheront le week-end suivant sur une longue interview accordée à la chaîne qatarie Al Jazeera. On observe une retenue analogue, mais pour d'autres raisons, de la part d'Alain Finkielkraut. Quelques jours après la déclaration du ministre, une journaliste du *Figaro*, Eugénie Bastié, lui demande « s'il faut sacraliser les caricatures parce que les terroristes les ont prises pour cibles ». Doit-on distribuer dans les classes un livret réunissant les caricatures de *Charlie Hebdo* ? Non, répond l'académicien, il faut certes cultiver la mémoire des assassinats mais, « au programme, il faut mettre les œuvres, rien que les œuvres ». Il s'en justifie : « Je ne suis pas un partisan inconditionnel de la caricature, car je crois que la critique, même la plus rude, n'a pas besoin d'en passer par l'enlaidissement des visages et des corps[13]. »

Jean-Michel Blanquer partage peut-être cette opinion mais il ne peut l'émettre en public. Sa prise de distance vis-à-vis des caricatures s'explique surtout, me semble-t-il, par les consignes de l'Élysée. Il abandonne toute retenue, en revanche, quand il

13. « Attentats islamistes : "L'ennemi ne nous pardonne pas d'être ce que nous sommes" » (entretien avec Eugénie Bastié), *Le Figaro*, 30 octobre 2020.

accuse les chercheurs en sciences sociales de faire le lit du terrorisme, alors qu'on attendrait de lui une stricte impartialité à l'égard des débats universitaires. Les deux volets de l'interview au *JDD* rendent ainsi deux sons de cloche dissonants. La rédaction choisit de les réunir en mettant en vedette ce mot d'ordre du ministre : « Plus personne n'a droit à la lâcheté. » Une phrase aussitôt reprise par les autres médias. Le problème est qu'elle semble tancer à la fois le monde intellectuel et le corps enseignant, sans dire clairement si, oui ou non, les professeurs devront montrer à leurs élèves les caricatures de *Charlie*. Aux syndicats d'enseignants qui s'inquiètent d'un tel flottement, le ministre promet un « cadrage clair ». Il se contentera en fait de dicter l'agenda du jour, tandis que les sites des académies fourniront tardivement une liste de références documentaires et pédagogiques.

Des professeurs en première ligne

Quelques jours seulement nous séparent de la rentrée des classes, dont un week-end. Je croise dans mon entourage deux professeures d'histoire qui enseignent dans le secondaire tout en faisant de la recherche au Collège de France et à l'Institut Convergences migrations, que j'anime pour le CNRS.

Que comptent-elles faire ? Elles vont bientôt retrouver leurs élèves pour honorer la mémoire de Samuel Paty et leur dispenser un cours d'éducation morale et civique sur la liberté d'expression. Mais elles s'interrogent. Que retenir des divers propos du ministre ? Seront-elles taxées de lâcheté si elles renoncent à montrer les caricatures aux élèves ? Pourront-elles tenir à distance l'« obsession des caricatures de Mahomet » en préparant un exposé plus général sur l'histoire de la liberté d'expression en France depuis le XIXe siècle ? Que répondre aux élèves qui voudront en savoir plus sur les raisons de l'attentat et les responsabilités de chacun ? Que faire si certains d'entre eux questionnent les choix de Samuel Paty ? En fin de compte, les professeurs et les élèves pourront-ils discuter en toute liberté de la liberté d'expression ?

La plupart des professeurs le savent, ce sont là des questions sensibles qu'il est impossible d'aborder sans tenir compte du profil des élèves : âge, maturité, origines migratoires, culture religieuse, expérience des discriminations. Et cela varie beaucoup d'un établissement à l'autre. Certains élèves n'ont tout simplement ni le vocabulaire ni les références historiques pour entrer dans de tels débats. À l'écoute de mes interlocutrices en ces derniers jours d'octobre, je songe aussi à mon épouse, décédée en juillet 2017, qui avait longtemps enseigné le français dans un collège de la banlieue nord de Paris. Elle avait une vision toute stoïcienne du possible et de l'impossible. Qu'aurait-elle fait lors de cette rentrée de novembre 2020 ?

C'est dans cette atmosphère délétère, inutilement chargée par les diatribes ministérielles et le feu croisé des tribunes, que j'entreprends, le 28 octobre, de rédiger dans l'urgence une « Lettre aux professeurs d'histoire-géographie »[14]. Officiellement, l'éducation morale et civique (EMC) est une discipline en soi, mais généralement confiée aux professeurs d'histoire-géographie, qui peuvent ainsi compenser une réduction de leurs heures de service décidée en 2015-2016. J'ignorais, en rédigeant ma lettre, qu'elle pouvait être assurée aussi par des professeurs de français ou de philosophie. Informé à ce sujet, j'abandonne désormais la référence directe à l'enseignement de l'histoire et de la géographie, tout en restant convaincu de la nécessité absolue de mener des comparaisons dans le temps et dans l'espace. Mais je garde en tête le sous-titre, qui exprime une revendication simple : « comment réfléchir en toute liberté sur la liberté d'expression ».

14. Je parle ici de « professeurs » pour désigner les femmes autant que les hommes. Que les jeunes générations me pardonnent : je réserve l'écriture inclusive à des contextes précis, comme les appels à candidatures ou les fiches de poste.

Publiée sur le site de *La Vie des idées* le 30 octobre, à deux jours de la rentrée des classes, la lettre rencontre un écho inespéré : près de 200 000 lecteurs différents enregistrés en un mois, sans compter la diffusion par des sites qui l'ont directement reproduite au lieu de fournir le lien. Des courriers de lecteurs affluent par dizaines sur ma messagerie du Collège de France, dans leur immense majorité positifs et empreints de reconnaissance. Enfin, me dit-on, un effort pour relever le niveau du débat, sortir des affrontements manichéens sur la laïcité et la liberté d'expression, rendre aux croyants (pas seulement musulmans) un minimum de dignité sans encourir des soupçons de sympathie pour le terrorisme, oser dire à haute voix que la France a peut-être d'autres messages à adresser au monde que la promotion des caricatures de *Charlie Hebdo*.

L'insoutenable paradoxe de la liberté obligée

Ma lettre, à l'évidence, répondait à un besoin, même si l'audience n'est pas en soi un gage de qualité. Il ne s'agissait pas, comme certains critiques l'ont étrangement compris, de vouloir brider la liberté d'expression – je ne demandais, quant à moi, le vote d'aucune loi répressive, la création d'aucune instance de contrôle – mais de libérer la réflexion sur la liberté d'expression. Si je devais résumer mon état d'esprit au moment de la rédaction, je mettrais en avant deux aspirations : 1. résister au chantage moral qui pèse sur les professeurs, consistant à les traiter de « lâches » ou de « couards[1] » s'ils persistent à penser que les caricatures de Mahomet peuvent heurter la conscience des

1. Comme le fait encore Gérard Biard, directeur de la rédaction de *Charlie Hebdo,* après l'assassinat de Samuel Paty : « Tant qu'il y aura des couards », *CharlieHebdo.fr*, 25 novembre 2020.

élèves et des parents ; 2. encourager les professeurs à exercer leur discernement : la critique des religions, si nécessaire soit-elle, n'exige pas l'outrage gratuit ; la liberté d'expression, l'un des biens les plus précieux pour préserver la démocratie, ne peut être érigée en absolu. Développons tour à tour ces deux points.

Desserrer l'étau

Mon intention première, en rédigeant la lettre, était de desserrer l'étau politique et moral qui consiste, paradoxalement, à invoquer la liberté d'expression pour forcer l'adhésion des enseignants – mais aussi celle des citoyens en général – à des thèses qui ne vont pas de soi. On se souvient du paradoxe énoncé par Rousseau dans le *Contrat social* (I, 7) : « Quiconque refusera d'obéir à la volonté générale [...], on le forcera d'être libre. » Variantes actuelles : on le forcera d'être pleinement républicain, on en fera un laïque pour son bien, on lui inculquera les bonnes valeurs, on le poussera à défendre à tous crins les caricatures de *Charlie Hebdo* – les pires comme les meilleures. C'est là une tentation bien française, « paternaliste » au sens précis que les éthiciens donnent à ce terme : l'État-tuteur sait mieux que vous ce qui est bon pour vous. Les exemples ne manquent pas : assurance obligatoire, ceinture de sécurité, mesures antitabac, confinement par temps d'épidémie... De tels dispositifs sont acceptables à deux conditions : qu'il soit démontré que ces restrictions limitent la somme des nuisances infligées à autrui (dans le cas d'un objectif de santé publique, notamment) et que les éléments de la démonstration soient exposés et discutés dans des instances démocratiques, où les citoyens ne soient plus traités en mineurs mais en majeurs. C'est un point que je souligne dans ma lettre : nous sommes très paternalistes dans notre façon de proclamer le droit de dénigrer les religions des autres sans retenue, car nous savons que cela heurte les consciences mais nous pensons que c'est pour leur bien. Comme s'il pouvait y avoir des outrages bien intentionnés, des offenses charitables – des caricatures caritatives, en somme. Faut-il s'étonner que de tels messages soient mal perçus quand ils émanent d'une ancienne puissance coloniale qui prétend administrer une leçon de liberté aux peuples qu'elle avait colonisés ?

Ma lettre démarre en trombe sur deux citations de Jules Ferry invitant les maîtres à ne jamais heurter la conscience des élèves. Cela reviendrait à les violenter ou à abuser d'eux. Textes plus pertinents et plus percutants que la lettre de Jean Jaurès aux enseignants, lue comme l'Évangile lors de la cérémonie de la Sorbonne. Textes très offensifs, que certains lecteurs ont jugés offensants puisque Jules Ferry aurait ainsi condamné Samuel Paty. Je reviendrai plus loin sur le cheminement du professeur assassiné et l'on verra que je ne le mets nullement en cause (il croyait sincèrement pouvoir se fier au matériel pédagogique qu'il avait utilisé).

Une autre objection concerne la personne de Jules Ferry. Il fut sans conteste le principal artisan des grandes lois scolaires de la IIIe République et cela lui vaut la reconnaissance de la nation. L'érection d'un monument à sa gloire dans le jardin des Tuileries est toujours à l'ordre du jour. Mais son image s'est dégradée depuis que l'attention a été attirée sur son discours du 28 juillet 1885 à la Chambre, qui justifiait la conquête du Tonkin par le « devoir des races supérieures de civiliser les races inférieures ». On ne saurait excuser ce propos en rappelant que Jules Ferry était un homme de son temps, car certains de ses contemporains – minoritaires, il est vrai – s'opposaient à cette idée : Clemenceau, deux jours plus tard, répliqua à Jules Ferry que la supériorité des races occidentales n'était que rapport de forces et abus de pouvoir. Il ne suffit pas non plus de rappeler que le mot « race » à l'époque pouvait encore désigner une nation (Clemenceau lui-même l'applique à l'Allemagne), car le cœur du discours de Ferry était bien de légitimer la colonisation par l'inégalité des civilisations. En revanche, il faut rappeler que les liens de Jules Ferry avec les colonies ne se résument pas à ce discours. Opposé au modèle algérien de la colonisation, il joua un rôle décisif pour que la France se contentât d'exercer en Tunisie un protectorat, un peu sur le modèle britannique. Mais, surtout, on lui doit un rapport incisif sur le gouvernement colonial de l'Algérie. En 1892, pendant cinquante jours, il parcourut l'Algérie à la tête d'une mission de sept sénateurs qui se heurta à l'hostilité des colons. Le rapport est une critique en règle de l'exploitation des indigènes par le système colonial[2]. Quant à Clemenceau, il fit le parcours inverse : on lui doit largement le dépeçage colonial du Levant organisé en sous-main avec l'Angleterre après la Première Guerre mondiale[3]. J'arrête là cette digression : elle rappelle seulement que les hommes changent et que le monde est compliqué. Il n'est pas binaire, il mêle des réalités contradictoires, il invite à s'abstenir de jugements péremptoires. Ce sera un leitmotiv du présent essai.

---

2. « Il est difficile de faire entendre au colon européen qu'il existe d'autres droits que les siens en pays arabe et que l'indigène n'est pas une race taillable et corvéable à merci. » Sur la mission de Ferry, voir Charles-Robert AGERON, « Jules Ferry et la question algérienne en 1892 (d'après quelques inédits) », *Revue d'histoire moderne et contemporaine*, vol. 10, n° 2, 1963, p. 127-146.

3. Henry LAURENS, « Comment l'Empire ottoman fut dépecé », *Le Monde diplomatique*, avril 2003.

À l'opposé du paternalisme républicain se situe la philosophie libérale : nulle autorité ne peut garantir vos droits inaliénables en aliénant votre liberté. La liberté ne se décrète pas. On peut opposer à la formule de Rousseau (qui, certes, ne résume pas tout Rousseau) cet aphorisme peu connu de Benjamin Constant, que j'aime à citer : « Mieux vaut l'erreur libre que la vérité imposée[4]. » Devise libérale par excellence, mais très exigeante si l'on y réfléchit bien. Elle suppose qu'on ne cherche pas à terrasser l'erreur *ex cathedra* au nom d'une science souveraine mais qu'on la soumette à l'épreuve de l'expérience, d'une part, et au débat démocratique, de l'autre. La liberté d'expression n'a plus de sens quand elle devient une injonction d'en haut. Sa seule limite est de ne pas nuire à autrui. C'est ce qu'on appelle le principe de non-nuisance. Il ne peut y avoir de *liberté forcée*, encore moins si elle bafoue celle d'autrui.

Parole, écriture, dessin, tenue : toute expression est libre en démocratie, sauf exception prévue par la loi. Mais sommes-nous encore libres d'apprécier l'étendue et les limites de cette liberté sans qu'on nous accuse d'en être les lâches fossoyeurs ou, pire encore, comme

4. Benjamin Constant, *Commentaire sur l'ouvrage de Filangieri*, Paris, 1822 (*Œuvres*, IV, 6, n. 86). Voir aussi son intervention du 21 mars 1822 à la Chambre des députés.

j'ai pu le lire, de « capituler », de « céder à l'esprit de Munich », de « collaborer » avec les assassins de Samuel Paty, de « salir » sa mémoire et j'en passe ? Ces intimidations répétées sont autant de procès d'intention. Elles traduisent une inquiétante dérive. Ceux qui invoquent la liberté d'expression pour resserrer le contrôle des esprits à chaque attentat ne cherchent-ils pas d'abord à resserrer *leur* contrôle sur les esprits des *autres* ? La tentation est grande de profiter de la sidération collective par temps de crise pour disqualifier ceux qui ne partagent pas vos analyses.

Suis-je en train de forcer le trait ? C'est pourtant bien dans cette direction que le débat public français tend à se diriger. À chaque réplique du terrorisme islamiste revient la tentation de s'ériger en sismographes de l'émotion populaire, de se poser en *causeurs du peuple*, pour proposer une loi plus protectrice que les précédentes, visant notamment à bloquer l'immigration ou à durcir les conditions d'entrée. Mais, vouloir caresser l'opinion publique dans le sens du poil, c'est le contraire du courage, le comble de la bien-pensance. Exiger qu'on légifère à chaque attentat pour apaiser l'émotion populaire, ce n'est pas seulement manquer de sang-froid devant l'événement, c'est accorder aux djihadistes le privilège de définir à notre place l'agenda législatif, c'est se mettre à leur remorque en allant dans le sens qu'ils souhaitent. Car leur objectif est bien de nous enfermer dans un affrontement irréductible et manichéen qui nous fige dans des rôles écrits d'avance. Face aux attentats, une démocratie forte de ses valeurs se doit de rester impavide.

Dans la langue française, la capacité à garder son sang-froid à travers les tentatives de déstabilisation, à conserver son flegme sous le flot des attaques alors qu'il serait si simple de jouer les vengeurs par une répression accrue, porte un beau nom un peu oublié : la *longanimité*. Ne prenons pas cette vertu pour de la faiblesse ou de la lâcheté. Longanime ne veut pas dire pusillanime. La longanimité est l'une des trois vertus qu'on peut cultiver dans l'adversité. Les deux autres sont l'*équanimité* (garder une humeur constante à travers les épreuves) et la *magnanimité* (voir haut et loin, sans s'arrêter aux petitesses)[5]. Les vieux dictionnaires illustraient la longanimité par l'image du lion ou de la lionne qui ignore stoïquement les morsures des lionceaux. Mais soyons modernes. Un bel exemple de longanimité nous a été donné par Michel Barnier, négociateur en chef de la Commission européenne pour amener les Britanniques à signer l'accord du Brexit : il a enduré les pires critiques des *tabloïds* quatre années durant sans se laisser démonter. Mieux encore,

5. La devise de la résilience pourrait tenir dans ces trois objectifs : *æqua, magna, longa.*

je connais des militants associatifs qui, loin des projecteurs, déploient des trésors de longanimité pour soutenir les demandeurs de refuge et les immigrés malgré les rebuffades et les dénigrements : ils s'obstinent à miser sur le droit des étrangers, si réduit soit-il, en évitant toute action de force qui les plongerait dans l'illégalité. Telle est la constante philosophie du Gisti ou de la Cimade, par exemple, et de bien d'autres collectifs.

Qu'on me comprenne bien. Desserrer le carcan de la liberté d'expression imposée, refuser de se laisser enfermer dans le chantage à la couardise (« vous êtes des lâches si vous renoncez à montrer les caricatures de Mahomet »), ce n'est pas, comme l'ont imaginé quelques lecteurs, réclamer une loi réduisant la liberté d'expression. L'un d'eux, portant le contresens à des hauteurs vertigineuses, m'a plaisamment ramené cent cinquante ans en arrière en m'assimilant à Louis Veuillot, le directeur de *L'Univers*, l'organe de la presse catholique ultramontaine qui contribua à rallier les catholiques français au régime de Napoléon III et préconisa sans relâche la soumission du pouvoir politique au pouvoir religieux[6] ! Cette comparaison

6. Stéphan Alamowitch, « François Héran, l'âme en peine », *Contreligne*, 12 novembre 2020 (en ligne). Louis Veuillot fut aussi l'ennemi intime de Victor Hugo, qui le lui rendit bien dans *Les Châtiments* (« Ce zoïle cagot naquit d'une Javotte... »).

aussi cultivée que saugrenue ne mérite pas qu'on la réfute en détail. L'arc des opinions possibles est bien plus vaste que ne l'imagine mon bouillant lecteur. Sa critique repose sur une idée fausse très répandue dans ce genre de débat : *si je refuse de bloquer le curseur à un extrême, c'est nécessairement que je souhaite le repousser à l'extrême opposé.* Comme s'il était impossible d'user de son discernement pour adopter d'autres positions dans le vaste intervalle qui sépare ces deux options. À l'en croire, oser se demander comment la République pourrait « respecter toutes les croyances » (article 1er de la Constitution), c'est forcément museler la liberté d'expression, c'est encore – je le cite littéralement – donner dans l'« indécence » et l'« hypocrisie », prôner le retour d'une législation sur le « blasphème », instaurer en France un régime digne de l'« Iran », donner une « prime à la décapitation » (*sic*) et, pire encore, importer en France les idées de la « gauche de campus américaine » ! Avec des raisonnements aussi binaires, tout est repoussé aux extrêmes et le monde devient invivable. Or, qu'on le veuille ou non, c'est dans l'entre-deux que nous devons vivre et agir.

Disqualifier l'adversaire en poussant à fond sa logique pour montrer les conséquences désastreuses qui en résulteront est un procédé bien connu en analyse rhétorique du discours. C'est le vieux sophisme de la pente glissante, avec son lot de métaphores populaires : le doigt dans l'engrenage, la fissure dans la muraille, le loup dans la bergerie, « la porte ouverte à… », le grignotage progressif du terrain, le détricotage, les angoisses du genre « si l'on commence ainsi, où cela finira-t-il ? ». Sans oublier les variantes demi-savantes : le cheval de Troie, la théorie des dominos, l'appel d'air, l'effet boule de neige, l'effet papillon, qui communiquent elles-mêmes avec les métaphores de la contagion et de l'invasion progressive[7]. On parle en anglais de la *slippery slope fallacy* (le sophisme de la pente savonneuse), en allemand du *Dammbruchargument* (l'argument de la brèche dans la digue). N'étant ni vérifiable ni réfutable, l'image de la pente fatale qui mène au pire échappe à toute rationalité car elle convertit en certitude une probabilité impossible à estimer et ce, par le biais d'un ressort psychologique : la peur. L'argument de la pente fatale est un argument de la peur[8]. Il s'allie souvent à l'argument moral de l'effet pervers : votre tentative

7. Sur les figures et les sophismes de l'argumentation, il faut relire les pionniers de l'analyse rhétorique : Jeremy Bentham, Chaïm Perelman (qui était juriste), Stephen Toulmin ou Albert Hirschman, ainsi que leurs continuateurs : Ruth Amossy, Douglas Walton, Marc Angenot, Christian Plantin, Olivier Reboul…

8. Douglas WALTON, *Scare Tactics. Arguments That Appeal to Fear and Threats*, Kluwer, Dordrecht, 2000.

d'amélioration est pleine de bonnes intentions, mais elle finira par tourner mal. L'enfer est pavé de bonnes intentions. Le bien, c'est le mal[9].

Comment résister à ce genre d'arguments, qui comptent parmi les plus puissants de la rhétorique accusatrice ? En apprenant d'abord à les identifier, comme je viens de le faire. En prenant conscience ensuite que nous ne sommes pas condamnés à sauter d'un extrême à l'autre, pour peu que nous sachions mobiliser certaines ressources mentales et morales : discernement, sens de la mesure, sens des proportions, aptitude à mettre en balance des principes concurrents. Autant de ressources dont les gens de loi et de justice ne sauraient se passer mais qui me semblent parfois oubliées dans les commentaires de doctrine ou les plaidoyers.

Loin de vouloir chambouler le droit, ma lettre aux professeurs raisonne donc *à droit constant.* Je réclame qu'on prenne au sérieux les limites raisonnables à la liberté d'expression qui sont déjà inscrites dans la législation nationale et européenne : ne pas outrager les croyants (chrétiens, juifs, musulmans, libres-penseurs ou autres) dans le seul but de les

---

9. Référence majeure sur le sujet : Marc Angenot, *Dialogues de sourds. Traité de rhétorique antilogique*, Mille et Une Nuits, Paris, 2008.

outrager – ce qu'en droit on appelle le *dolus specialis*. Quand l'offense est gratuite, elle ne nourrit plus le débat démocratique, elle le dégrade. Je connais les objections des juristes et des essayistes qui s'imaginent que l'on pourrait outrager les croyances sans outrager les croyants. Je sais aussi le double traitement que certains infligent à la Cour européenne des droits de l'homme : encensée quand elle consacre la liberté d'expression poussée jusqu'à l'outrage, tancée sans ménagement quand elle ose rappeler que la liberté d'expression ne peut ignorer les « droits d'autrui », notamment la liberté de conscience et la dignité de la personne. Je n'ignore pas non plus que, pour compliquer le tout, la jurisprudence de la Cour est susceptible de varier selon les contextes nationaux et l'évolution des mœurs. Autant de questions complexes qui apparaissaient seulement en filigrane dans ma lettre, faute de place et, surtout, faute d'élaboration suffisante. Le présent essai s'efforcera de mieux cerner ces questions.

Rédigée dans l'urgence, ma lettre souffrait aussi de quelques faiblesses. D'éminents juristes n'ont pas manqué de les relever. Leurs critiques – dont je ferai état – m'ont aidé à améliorer le texte. En revanche, des lecteurs qui n'ont pas eu la curiosité de consulter le site du Collège de France pour s'informer de mon parcours ont trouvé plus simple de me renvoyer à mon humble condition de « démographe » pour me signifier qu'un spécialiste des chiffres était inapte à traiter en finesse des questions aussi subtiles que les conflits entre plusieurs principes de droit. Un « non-juriste » (je cite un message que j'ai reçu) peut-il faire autre chose qu'étaler son « mépris du droit » ? Le lecteur jugera si mon traitement des dimensions juridiques de la liberté d'expression – auquel j'ai essayé de donner un tour aussi pédagogique que possible – mérite un tel verdict.

En matière de « libertés publiques » ou de « droits fondamentaux », les juristes (et c'est heureux) sont loin d'être unanimes tant la matière est changeante et la société en constante évolution. Les auteurs des manuels de référence divergent déjà sur la terminologie : faut-il parler de « libertés publiques » (expression ancienne mal comprise de nos jours), de « droits de l'homme » (ou de « droits humains »), de « droits fondamentaux » ? Ils se divisent également sur des questions de fond. Faut-il assortir l'énoncé des droits d'un énoncé des devoirs, ou doit-on considérer que notre unique devoir est de respecter les droits d'autrui ? Est-il encore nécessaire d'opposer les « droits-de » aux « droits-à », c'est-à-dire, d'un côté, les libertés fondamentales dont l'État doit garantir le respect en s'abstenant d'intervenir et, de l'autre, les droits économiques, sociaux ou environnementaux, souvent qualifiés de « droits-créances », qui nécessitent au contraire son intervention active ? L'intérêt d'une telle distinction est fortement relativisé par les traités les plus récents.

Si l'on veut cerner les contours possibles de la liberté d'expression et en saisir les enjeux, il faut évidemment s'appuyer sur le droit, qui occupe sur un tel sujet une position centrale. Mais cela ne suffit pas. Le rôle que doit jouer la liberté d'expression vis-à-vis des religions – caricatures comprises – met en jeu un large éventail de dimensions : juridique, politique, éthique, historique, sociologique, anthropologique, linguistique et, bien sûr, philosophique... Aucune discipline ne peut revendiquer le monopole sur une question aussi complexe. Il faut ouvrir le débat à d'autres approches. Je ne fais ici que l'entrouvrir.

La tentation de l'absolu

Déplacer le curseur sans se laisser enfermer dans des dilemmes implacables, telle était donc ma première pensée en entamant ma lettre aux professeurs. Ma seconde intention dérive de la première : rappeler qu'aucune liberté ne peut être absolue. De façon générale, je me méfie des absolus, qu'ils soient religieux ou laïques. Je veux raison garder quand je découvre que des caricatures censées tout désacraliser sont sacralisées à leur tour. Or tel est bien le produit paradoxal des attentats islamistes qui se sont succédé en France : ils nous ont conduits à sacraliser la désacralisation, à ériger en absolu les caricatures antireligieuses de *Charlie Hebdo*, quelles qu'elles soient. Elles seraient l'illustration suprême de la liberté d'expression, un sommet indépassable de notre civilisation.

Nul n'a mieux décrit ce processus d'absolutisation que Charb, le rédacteur en chef de *Charlie Hebdo* assassiné dans la tuerie du 7 janvier 2015. Je songe à son éditorial du 19 septembre 2012, « Rire, bordel de Dieu ! », rédigé dans le style qu'il affectionnait, la prédication en forme de litanie ou de psaume, où le juron final sonne comme un *amen* :

> Peins un Mahomet glorieux, tu meurs.
> Dessine un Mahomet rigolo, tu meurs.
> Gribouille un Mahomet ignoble, tu meurs.
> [...]
> Essaie de débattre avec un obscurantiste, tu meurs.
> Il n'y a rien à négocier avec les fascistes.
> La liberté de nous marrer sans aucune retenue,
> la loi nous la donnait déjà,
> la violence systématique des extrémistes nous la donne aussi.
> Merci, bande de cons.

Je ne cite ici qu'une partie des versets qui ouvrent le texte, pour aller plus vite à la conclusion. Le raisonnement de Charb est simple. Les terroristes ne font aucune différence parmi les caricatures de Mahomet ; ils les jugent toutes passibles de mort, puisque la représentation du prophète est prohibée. Dès lors, à quoi bon se retenir quand on dessine ? Inutile de graduer la virulence des caricatures ou de se fatiguer à préciser leur cible : poussons à fond le curseur de la liberté d'expression ! La charge de la caricature est tout entière dans la main de l'auteur ; le lecteur n'a pas à l'interpréter, il doit la prendre telle quelle.

La théorie de Charb a le mérite de la simplicité. Mais elle ne fait pas l'unanimité parmi les dessinateurs. Cabu, pour sa part, avait beau être radicalement athée[10], il était attentif à marquer les limites de l'exercice et à cadrer le message, comme en témoigne le film documentaire de Daniel Leconte sur le procès de 2007 contre les caricatures de *Charlie Hebdo*. Le titre du film reprend l'exclamation que Cabu prête à Mahomet dans le fameux dessin publié à la une de *Charlie* le 1er août 2006 : « C'est dur d'être

---

10. « On peut critiquer toutes les religions. Pour moi, toute religion est débile », déclarait Cabu, cité dans « Dieu, Mahomet et les dessinateurs » (propos recueillis par Nathaniel Herzberg, Yves-Marie Labé et Mouna Naïm), *Le Monde*, 2 février 2006.

aimé par des cons ! » Il explique au réalisateur qu'il a assorti le dessin d'une légende, « Mahomet débordé par les intégristes ». Mieux encore, il a pris ses précautions pour qu'on ne puisse pas recopier le dessin sans la légende : celle-ci mord volontairement sur le turban du prophète, où elle passe du noir au blanc pour rester lisible. L'exemple n'est pas anodin, puisqu'il s'agit de la couverture du numéro qui reprenait les caricatures danoises de Mahomet. Dans ce cas précis, Cabu s'est imposé une limite, en accord avec la majorité de la rédaction. La cible n'était pas à ses yeux l'islam en général mais ce qu'il appelait les « intégristes ». Sous ce terme vague et impropre, Cabu visait la frange des extrémistes adeptes de la violence[11]. Il revient à la charge une semaine plus tard dans un *strip* intitulé « Apprendre à lire un dessin à un islamiste », qui contient ce précepte « Faut pas lire la moitié du dessin », où l'exemple donné est la couverture dont on vient de parler privée de sa légende[12]. Des années après, l'écrivaine Marie Darieussecq raconte dans

---

11. Sachant que toute religion a ses « intégristes », y compris la religion de la République ou la religion de la laïcité, sans que leur intransigeance soit synonyme de violence.

12. Mais Cabu semble douter du succès de sa leçon : il croque le donneur de conseils en sympathique Duduche tandis que l'« islamiste » n'a droit qu'à un faciès d'abruti (Cabu, « Apprendre à lire un dessin à un islamiste », *Charlie Hebdo*, 15 février 2006).

Charlie Hebdo comment elle transmet la leçon de Cabu dans ses tournées à l'étranger. Elle explique ainsi à des étudiantes japonaises « qu'un dessin sans la légende voulue par son dessinateur est un dessin décapité »[13].

La sombre litanie de Charb met fin à ces distinguos : puisque les terroristes font dans l'absolu, faisons dans l'absolu. Certes, le registre d'action est totalement différent, il va de soi que « se marrer sans aucune retenue » n'est pas la même chose que tuer sans retenue. Aucune équivalence n'est acceptable entre l'usage offensant de la critique et le meurtre, entre le crayon et le couteau (ou la kalachnikov). Mais cette distinction ne doit pas conduire à instaurer une autre équivalence, consistant à fusionner sans distinction toutes les formes de critique, d'offense ou d'avilissement, sous prétexte qu'on peut tout se permettre du moment qu'il n'y a pas mort d'homme. Charb, pour sa part, a dressé un parallèle explicite entre la stratégie guerrière des djihadistes et la stratégie jusqu'au-boutiste du dessinateur. Sa conclusion est révélatrice : « La liberté de nous marrer sans aucune retenue, la loi nous la donnait déjà. La violence systématique des extrémistes nous la donne aussi », comme

13. Marie Darieussecq, « Pédagogie : mon parcours d'écrivaine », *Charlie Hebdo*, 20 juillet 2016.

si la loi des extrémistes ne faisait que doubler la loi de la démocratie, comme si elle pouvait accorder les mêmes droits. Or la loi, qu'elle soit française ou européenne, prévoit bel et bien des limites à la liberté d'expression. Interrogé en 2012 par France 3, lors du festival de la bande dessinée d'Amiens, Charb pensait que la liberté de la presse était à peu près illimitée :

> Il y a la liberté de la presse totale en France ou quasiment totale [...]. Je vois avec tristesse qu'il y a énormément de confrères qui n'osent pas aller trop loin de peur du procès. Mais le procès, ça fait partie des risques du métier. Et nous, les procès qu'on a eus, la plupart du temps, on les a gagnés.

Que dire à présent, depuis que Charb et Cabu sont tombés sous le feu des terroristes ? *Post mortem*, c'est la théorie de Charb qui tend à l'emporter. Mais il serait absurde – et indigne – de conclure que la tuerie du 7 janvier 2015 a donné raison à l'un et tort à l'autre. Les deux visions se défendent. Il ne tient qu'à nous de rouvrir le débat en toute liberté. Ce ne sont pas les auteurs des attentats qui doivent le trancher à notre place. Ma lettre visait à desserrer cette contrainte. Nous devons pouvoir reposer la question en toute liberté : sommes-nous obligés, à l'instar des terroristes, de mettre sur le même pied des satires graphiques qui relèvent de registres très différents ?

Ma réponse est non. Ce n'est pas parce que les terroristes confondent tout que nous devons faire de même. Ce n'est pas parce qu'ils sont dépourvus du moindre *discernement* que nous devons remiser le nôtre. Les défenseurs de la liberté ne peuvent s'aligner sur ses fossoyeurs. On se trompe radicalement quand on prétend réduire le discernement à une appréciation subjective ou à une simple affaire de goût, sous prétexte qu'il ne s'agit pas d'une science exacte. Le discernement est une dimension primordiale de la raison pratique, indispensable au bon fonctionnement de la justice, de la politique, de la vie sociale en général.

Sur ce point, le monde des caricaturistes est divisé, même s'il n'ose plus afficher ses divisions depuis les attentats. Voyez la position du *Canard enchaîné.* Fer de lance de la satire anticléricale depuis un siècle, il reste à ce jour le premier hebdomadaire satirique de France (300 000 exemplaires environ en régime de croisière, contre 60 000 pour *Charlie*). Sa capacité d'intervention dans la vie politique est redoutable : personne n'a oublié de quelle façon ses révélations sur les pratiques de la famille Fillon ont changé la donne lors de l'élection présidentielle de 2017.

Mon but n'est pas de donner la palme au palmipède mais de rappeler qu'en démocratie deux hebdomadaires satiriques valent mieux qu'un. Leur comparaison permet justement d'ouvrir le débat. Or ils ne partagent pas la même vision de la satire antireligieuse. Le témoignage des dessinateurs qui ont travaillé pour les deux rédactions est révélateur. « Pour *Charlie*, expliquait Cabu, on peut aller plus fort dans les idées, dans les gags, on peut faire des enculades, alors qu'au *Canard* ils n'aiment pas ça[14]. » Le diagnostic de René Pétillon, le père de l'anti-héros de bande dessinée Jack Palmer, est plus élaboré. Décédé en septembre 2018, Pétillon avait davantage travaillé pour le *Canard* que pour *Charlie*. Le moins qu'on puisse dire est qu'il n'avait guère apprécié la caricature danoise reproduite par *Charlie*, où Mahomet arbore une bombe en guise de turban : dessin « excessif » et donc « insignifiant », disait-il[15]. Les raisons qu'il avance sont multiples :

> Quand on critique les intégristes, tous ces « délirants » qui brouillent le message d'une religion quelle qu'elle soit, on ne doit pas tomber dans l'amalgame. Il faut cibler et ne pas causer de dommages collatéraux. En attaquant le prophète, on attaque tous les musulmans. Les gens ont le droit de croire en ce qu'ils veulent. Ce que j'attaque, ce sont ceux qui interprètent les religions et qui imposent leurs vues.

14. Cabu, interview dans *Charlie enchaîné* [revue de presse en ligne], 20 mai 2010.

15. « Dieu, Mahomet et les dessinateurs », *loc. cit.*

Ne pas causer de dommages collatéraux : on saurait mieux énoncer le principe de non-nuisance. Ne pas séparer non plus la croyance des croyants. Cette opinion émise dans *Le Monde* du 2 février suscite quinze jours plus tard une réplique de Charb (mais sans que Pétillon soit nommé)[16] :

> Certains ont compris que ce dessin signifiait que tous les musulmans étaient des terroristes. Si c'est ce qu'a voulu exprimer le dessinateur, c'est simplement politiquement faux. Ça mérite un débat, peut-être un procès, mais en aucun cas une crise d'hystérie. Le dessinateur n'a-t-il pas voulu représenter la façon dont les musulmans intégristes et seulement eux instrumentaliseraient l'islam pour en faire une religion de haine ?

Le procès aura lieu, justement, et il n'aura rien d'hystérique. Dans son jugement du 22 mars 2007 sur les trois caricatures de *Charlie Hebdo* mises en cause par la mosquée de Paris, la 17e chambre du tribunal de grande instance de Paris considère que « l'inscription de la profession de foi musulmane sur la bombe, dont la mèche est allumée et prête à exploser, laisse clairement entendre que cette violence

---

16. Charb, « L'islam des faux croyants », *Charlie Hebdo*, 15 février 2006.

terroriste serait inhérente à la religion musulmane». Dans une interprétation proche de celle de Pétillon, le tribunal reconnaît que le dessin «apparaît en soi et pris isolément de nature à outrager l'ensemble des adeptes de cette foi [...] en ce qu'il les assimile sans distinction ni nuance à des fidèles d'un enseignement de la terreur». Si le tribunal juge en fin de compte que les limites de la liberté d'expression ne sont pas outrepassées, c'est en raison du contexte: le dessin est reproduit «en très petit format» dans les pages intérieures, il est le seul du genre dans un dossier de douze dessins et, surtout, il s'insère dans un ensemble qui est clairement «un acte de résistance à l'intimidation». Pas de distinction, donc, entre croyances et croyants mais la prise en compte d'un cadre d'ensemble.

Le désaccord entre les deux hebdomadaires satiriques est ancien. Après l'attentat au cocktail Molotov qui avait ravagé les locaux de *Charlie* dans la nuit du 1er au 2 novembre 2011, le rédacteur en chef adjoint du *Canard*, Louis-Marie Horeau, avait publié un message de solidarité réaffirmant «le droit à la satire, à la caricature, à l'humour, à la dérision, à la polémique et au blasphème[17]». Mais, ajoutait-il, les musulmans

17. Louis-Marie Horeau, «À bas la calotte! À bas les turbans!», *Le Canard enchaîné*, 9 novembre 2011, cité dans le blog de *Charlie enchaîné* du même jour.

ont le droit, en retour, de critiquer le blasphème et il ne faut pas s'étonner de leurs réactions :

> Le légitime combat de *Charlie* contre la charia et l'intégrisme islamiste doit-il étouffer la voix des musulmans tranquilles et pacifiques qui disent que les images du Prophète les blessent et que l'assimilation entre le Coran et le manuel du parfait terroriste est abusive ? [...] Le blasphème, la représentation grotesque ou humiliante du Prophète ne peut être interdite sous prétexte de loi divine. Mais elle touche indistinctement les uns et les autres. Est-ce bien nécessaire ? Au risque de pousser quelques musulmans choqués dans les bras des ultras ? Drôle de victoire.

Le 26 septembre 2012, *Charlie* publie les dessins de Luz et de Coco représentant « Mahomet » dans une posture érotique (pour le premier) et obscène (pour le second). Ces dessins font suite à l'affaire de la vidéo californienne *L'Innocence des musulmans*, qui avait provoqué une émeute mortelle en Libye (j'y reviendrai dans un instant). Louis-Marie Horeau reprend la plume dans le *Canard* pour dire sa désapprobation :

> Les dessins publiés par *Charlie* atteignent indistinctement tous les musulmans, les modérés comme les intégristes, les pacifiques comme les furieux. Certes, il n'est pas interdit de brocarder

> tous les bigots. Mais il n'est pas interdit non plus, comme disait Mitterrand, d'être habile [...]. Certains écrits, certains dessins peuvent servir de prétextes à des actes criminels. Bien sûr, cela ne fait pas des journalistes ou des caricaturistes des coupables. Mais cela les rend peut-être un peu responsables ?

Les coups de bec du *Canard* seraient-ils encore possibles aujourd'hui ? Évidemment non. Par une inversion de l'effet d'intimidation (le fameux *chilling effect*), c'est la caricature illimitée qui est désormais politiquement correcte. D'où l'intérêt, me semble-t-il, de lire les critiques qui osaient encore s'exprimer *avant* l'attentat du 7 janvier 2015. La rédaction du *Canard* s'est évidemment associée au deuil de *Charlie* ; elle avait perdu Cabu, elle aussi. Mais certains se sont rappelé son manque de solidarité des années 2011-2012. Ainsi Guillaume Doizy, historien de la caricature anticléricale en France[18] : « Le palmipède devenu aveugle a retrouvé la vue » – raille-t-il sur son blog, avec toute la lucidité que procure le recul du temps. Sauf à penser que les assassins doivent nous enfermer dans leur carcan mental, il n'est pas

---

18. Guillaume Doizy, « Attentat contre *Charlie Hebdo* : la mémoire courte du *Canard enchaîné* », *Caricatures & caricature* [revue en ligne], 15 janvier 2015.

interdit de prendre au sérieux la réflexion critique du *Canard*, ne serait-ce qu'en raison de son expérience centenaire de la satire antireligieuse. Et si l'on récuse les propos d'un rédacteur en chef, doit-on tenir pour rien les réactions d'un dessinateur qui avait travaillé pour les deux hebdomadaires ?

La principale raison qui empêche de faire un bloc de toutes les « caricatures de Mahomet », raison invoquée par Pétillon, est qu'en matière d'islam, les interlocuteurs qui devraient compter ne sont pas l'ultra-minorité des djihadistes, malgré leur pouvoir de nuisance démesuré, mais les millions de musulmans qui, vivant en France ou ailleurs, se contentent de pratiquer paisiblement leur religion ou restent attachés à leur culture religieuse et qui souffrent d'être exposés au soupçon de terrorisme. Je ne parle pas ici dans l'abstrait : c'est ce que j'observe dans les familles que je côtoie dans mon quartier de la banlieue parisienne, une des zones les plus denses de France en immigration issue du monde musulman, classée en ZEP puis en REP+. Doit-on compter pour rien leur point de vue ? On veut trop souvent nous faire croire que la moindre retenue dans l'usage de la liberté d'expression antireligieuse serait (selon le schème de la pente fatale) une concession au terrorisme djihadiste, une lâche compromission, un renoncement à nos propres valeurs, la voie ouverte à la théocratie. Comble de l'outrance, certains donnent dans la psychologie de bazar en diagnostiquant une « haine de soi » ! Un tel raisonnement n'est pas seulement simpliste, il est profondément vicié car on tombe ainsi dans le piège terroriste, qui voudrait justement faire de chaque Français un ennemi potentiel de l'islam et, réciproquement, de chaque musulman un ennemi de la nation.

Mahomet obscène : l'exercice absolu de la liberté ?

Examinons à présent le corps du délit. La principale caricature que Samuel Paty a montrée à ses élèves est un dessin de Corine Rey, qui signe Coco, publié le 19 septembre 2012 en dernière page de *Charlie Hebdo*. Françoise Lorcerie en a donné une description précise[19]. Je la reproduis :

> [Ce dessin] montre « Mahomet » prosterné dans la position de la prière musulmane, pieds, genoux et avant-bras à terre. Le personnage est dessiné nu à l'exception de son turban, et vu de dos légèrement de côté, depuis le niveau du sol. Son

19. Françoise LORCERIE, « Liberté d'expression, j'écris ton nom », *Café pédagogique*, 10 novembre 2020 (<www.cafepedagogique.net>).

postérieur est donc au premier plan avec ses testicules et son pénis dont s'échappe une goutte. L'anus est caché par une étoile à cinq branches jaune (la seule couleur), qui renvoie au titre du dessin : « Mahomet : une étoile est née ! » Le dessin est obscène et attaque avec virulence le personnage central de l'islam.

Cette caricature appelle trois types de questions :

1. Que sait-on du cheminement qui a conduit Samuel Paty à choisir de montrer à ses élèves de quatrième ce dessin volontairement obscène ?

2. Peut-on déterminer, sur le plan juridique, la cible du dessin ? S'en prend-il à l'islam ou aux musulmans ? Plus profondément, dans quelle mesure est-il légitime de dissocier les croyants de leur croyance au point d'imaginer qu'on pourrait outrager les croyances sans outrager les croyants ?

3. Que vaut l'argument selon lequel le caractère outrageant d'un dessin de presse dépend de la sensibilité de chacun, que l'appréciation de sa valeur esthétique ou politique est pure affaire de goût et ne saurait avoir de traduction juridique ? Si la caricature est l'art de la *charge*, peut-on soutenir que la charge est davantage dans l'œil du lecteur que dans la main du dessinateur ? C'était un peu, on s'en souvient, l'idée de Jean-Michel Blanquer : les caricatures du

prophète ne sont pas si agressives qu'on le dit, elles le deviennent par l'intervention d'intermédiaires mal intentionnés ou de lecteurs hypersensibles.

En premier lieu, comment Samuel Paty a-t-il pris sa décision ? On ignore son cheminement. Peu d'informations ont filtré des enquêtes judiciaire et administrative, même si la presse a apporté des compléments. Au sein du personnel de l'Éducation nationale (professeurs, formateurs, personnel d'encadrement), on s'est interrogé sur la nature et l'origine des dessins utilisés par Samuel Paty dans son cours. Quatre jours après l'attentat, le 20 octobre 2020, deux hebdomadaires, *Marianne* et *L'Express*, révélaient qu'il s'agissait du croquis de Coco publié en 2012, représentant Mahomet nu et prostré (« Une étoile est née »), et de la couverture du premier numéro de *Charlie Hebdo* paru après le massacre du 7 janvier 2015 (« Tout est pardonné »). La source première de l'information n'était pas mentionnée. Il devait s'agir de la rencontre entre Paty et les représentants du rectorat après les premiers incidents avec les parents d'élèves. Rien d'autre n'a filtré. Les dessins étaient-ils tirés des dossiers mis en ligne par l'association DCL, créée après les attentats de 2015 par *Charlie Hebdo* et SOS Racisme ? Mes interlocuteurs en étaient convaincus et j'en ai fait état dans mon débat avec Marcel Gauchet sur *Philosophie*

Magazine. Mais la rédaction du magazine a reçu un démenti formel de l'association DCL : la fiche sur Mahomet est *postérieure* à la mort de Samuel Paty ; elle a été conçue précisément en vue de l'hommage du 2 novembre. Il était difficile de s'en rendre compte car cette finalité n'était pas annoncée en tête de la fiche et aucune date n'était visible quand je l'ai moi-même consultée le 10 novembre. Le démenti de DCL sur la date de parution fait foi, évidemment, et je n'ai aucune raison d'en douter.

La question, à vrai dire, est tout à fait secondaire. L'association DCL ayant été fondée par *Charlie,* il importe peu de savoir si Samuel Paty a découvert la caricature de Mahomet dans *Charlie,* dans le dossier d'une association créée par *Charlie* ou par un autre relais. Si DCL mérite de retenir notre attention, c'est pour une autre raison : aucune structure, à ma connaissance, n'a rédigé d'analyse aussi détaillée de la caricature de Coco à destination des professeurs et des élèves. C'est la seule aussi qui a interrogé la dessinatrice sur ses intentions. Par ailleurs, plusieurs académies ont intégré le dossier « caricatures » de DCL dans la liste des ressources susceptible d'aider les professeurs d'EMC à préparer la matinée du 2 novembre. Il vaut donc la peine de commenter le travail de cette association, en commençant par décrire ses liens avec le système éducatif et administratif en général. Si cette exploration éclaire les rapports de l'État avec *Charlie Hebdo*, elle ne dit rien, en revanche, sur la démarche et les motivations de Samuel Paty, qui restent mal connues à ce jour. On ne sait même pas, me faisait observer dans un courrier du 1er novembre une professeure d'EMC d'un lycée de Seine-et-Marne, s'il voulait décrire, prescrire ou critiquer les documents utilisés et, finalement, s'il entendait défendre la liberté d'expression dans l'absolu ou lui poser des limites. C'est pourquoi, il ne saurait être question ici de juger l'action de Samuel Paty. Il convient de dépersonnaliser cette affaire et de raisonner sur le fond.

DCL est une « association loi 1901 d'éducation aux médias, au dessin de presse, à la caricature et à la citoyenneté, fondée par *Charlie Hebdo*, soutenue par les ministères de l'Éducation nationale et de la Culture[20] ». Elle a été fondée en 2015 avec SOS

---

20. Site *doyoubuzz* d'Agathe André, présidente de l'association, ancienne grand-reporter de *Charlie Hebdo* (<www.doyoubuzz.com/agathe-andre>, consulté en janvier 2021). D'après les projets de loi de finances compilés par le site association.politologue.com, DCL a reçu de l'État 142 500 € de subventions entre 2015 et 2018, dont 30 000 € par an au titre du programme 224 géré par le ministère de la Culture (« Transmission des savoirs et démocratisation de la culture »), 22 500 € en 2018 au titre du programme 216 géré par le ministère de l'Intérieur (« Conduite et pilotage des politiques de l'intérieur – prévention de la délinquance ») et seulement 10 000 €

Racisme à la suite d'une rencontre avec un conseiller de la ministre de l'Éducation nationale. Il s'agissait à l'origine d'exposer et de commenter à des fins pédagogiques les milliers de dessins d'enfants reçus par la rédaction de l'hebdomadaire au lendemain des attentats. Le site de l'association précise ainsi ses objectifs :

> Initier la jeunesse au dessin de presse – en particulier à la satire et la caricature – et offrir au plus grand nombre (enseignants, animateurs jeunesse, bibliothécaires, éducateurs, personnel pénitentiaire, etc.) des outils pédagogiques originaux pour ouvrir les débats et aborder les thématiques qui font l'actualité et agitent la société. Sans tabou ni démagogie, ni frilosité intellectuelle.

La jeunesse, précise l'association, commence dès le CM2. Le site offre un catalogue de « fiches-décryptages » téléchargeables, dont la première, ajoutée dans les derniers jours d'octobre 2020 est intitulée « Religion et caricature de Mahomet » avec,

---

en 2018 pour le programme 230 géré par l'Éducation nationale (« Vie de l'élève – éducation à la citoyenneté »). C'est dix fois plus que la Ligue des droits de l'homme (3 000 € par an en moyenne), mais beaucoup moins que SOS Racisme (700 000 € par an pour le siège parisien, via notamment la Délégation interministérielle à la lutte contre le racisme, l'antisémitisme et la haine anti-LGBT).

en couverture, la caricature de Mahomet par Coco, qu'on retrouve à l'intérieur en plus grand format et en couleurs[21]. Une des notices composant la fiche comporte une interview de Coco évoquant la mort de Samuel Paty. Le professeur, dit-elle simplement, a « fait son job » comme elle a fait le sien. L'insertion de cette interview dans la fiche de DCL confirme que c'est bien le dessin de Coco que le professeur a utilisé.

La fiche évoque le contexte du dessin : des émeutes déclenchées en Égypte, au Soudan et en Libye par l'annonce d'une vidéo sur la vie de Mahomet, *L'Innocence des musulmans*, produite en Californie par un inconnu. DCL reprend à son compte l'information selon laquelle il s'agirait d'un copte égyptien établi aux États-Unis. Jouée par de mauvais acteurs, non distribuée en salle, la vidéo avait circulé sur les réseaux sociaux jusqu'en Libye. Profitant du chaos général, la foule avait incendié le consulat américain de Benghazi en guise de protestation et provoqué la mort de l'ambassadeur et de trois fonctionnaires. Coco ridiculise la gloire acquise

21. S'y ajoute le dessin de Luz où Mahomet rejoue la scène-culte de Brigitte Bardot dans *Le Mépris* : « Et mes fesses, tu les aimes, mes fesses ? » Le troisième document de *Charlie* figurant dans la fiche-décryptage de DCL est la litanie de Charb « Rire, bordel de Dieu ! » reproduite dans sa typographie d'origine.

par Mahomet en vedette de cinéma en lui plantant dans l'anus une étoile du *Hall of Fame* hollywoodien, d'où le titre du dessin « Une étoile est née » – titre porté depuis des décennies par une série de *remakes* racontant tous l'aventure de jeunes acteurs en quête de célébrité.

Pourquoi avoir souligné aussi crûment la nudité et la sexualité de Mahomet ? Parce que « Mahomet n'est qu'un homme, explique Coco dans la fiche de DCL, et comme tous les hommes, il a, me semble-t-il, des testicules et un pénis ! ». Quoi de mieux, en effet, pour désacraliser une célébrité que de le réduire à ses attributs sexuels ? Mais l'explication est un peu courte. Le *Larousse* en ligne énumère treize expressions françaises comportant le mot « cul ». La seule qualifiée de « vulgaire » (les autres sont « populaires » ou neutres) est l'expression « l'avoir dans le cul : être vaincu, subir un échec » – aux relents clairement homophobes. C'est celle que suggère le dessin de Coco. Du point de vue de la rhétorique de l'expression, on a affaire ici à ce que j'appelle une contre-allusion. Dans la vie courante, en effet, le langage suffit à expédier le message et l'on se passe de dessin. La question ironique : « Faut-il que je fasse un dessin ? » est une façon de couper court aux doutes d'autrui, le dessin étant une explication détaillée dont on doit faire l'économie. Mais ici, la teneur du message parlé est telle qu'il faut adopter la stratégie inverse : on fera un dessin pour exposer la chose, puisqu'il serait encore plus vulgaire de la dire, et l'on fera le pari que l'œil du lecteur saisira cette allusion inversée : pas besoin de vous parler d'enculade, il suffit de vous faire un dessin. Le problème est qu'au lieu de tourner en dérision la vidéo sur la vie du fondateur de l'islam, qu'elle qualifie elle-même de « navet anti-islam », Coco en rajoute dans la dégradation du personnage, déjà vilipendé par le réalisateur. Ce dernier, selon les explications de DCL, avait présenté Mahomet en obsédé sexuel. La dessinatrice ne fait pas autre chose. Elle assure avoir opéré un « retournement graphique » en mettant son personnage « en position ingrate » (*sic*). Elle n'a rien retourné, elle a enfoncé le clou.

Huit années ont passé, le contexte d'origine du dessin s'est estompé. Après un tel délai, la vidéo californienne et les événements de Benghazi ne disent plus rien aux élèves à qui l'on est censé les exposer. Dépouillé de son contexte, le dessin de Coco apparaît, si j'ose dire, dans toute sa nudité, sans alibi historique (les alibis artistique ou humoristique étant absents dès l'origine). Le titre du dessin, « Une étoile est née », devient une marque de dérision en soi. Mais n'était-ce pas l'intention de départ ? Lors de sa sortie déjà, le dessin ne faisait aucune allusion aux événements qui ont attiré l'attention des médias sur la vidéo, à savoir les émeutes d'Égypte et de Libye. D'emblée, le contexte n'était qu'un prétexte. L'objet n'était ni Mahomet dégradé par un « navet anti-islam » ni Mahomet « débordé par les intégristes », mais Mahomet tout court. Quant à la posture du personnage, « un homme entièrement nu se prosternant » il faut dire ce que la dessinatrice passe sous silence, de même que la fiche de DCL : cette prosternation correspond au troisième temps de la prière musulmane, comme le signale dûment Françoise Lorcerie. Là est le cœur du dessin : faire de la position de la prière musulmane une posture obscène. Or ce rituel est celui qu'accomplit chaque jour *tout musulman pratiquant.* La phrase de Pétillon s'applique ici parfaitement : « En attaquant le prophète, on attaque tous les musulmans. » Mais, pas plus que DCL, la dessinatrice ne dit mot du rituel de la prière, et elle conclut : « Avec ce dessin, je fais un usage absolu de ma liberté d'expression. » Absolu veut dire aussi, en l'occurrence, délié de tout contexte.

On mesure la différence avec le dessin de Cabu, qui tente, au contraire, de loger le contexte dans le dessin pour que nul n'en ignore. Doté d'un phylactère et d'une légende, son dessin est censé se suffire à lui-même et demeurer lisible après coup ; il vise le « débordement » de l'islam par une minorité et non pas l'islam tout entier. Certes, les dessins de presse, par définition, sont toujours des œuvres de circonstance. Rares sont ceux qui traversent les décennies. Dans le cas du dessin de Coco, le lien à l'actualité nécessite de longues explications, comme en témoigne l'effort de DCL. Mais ce lien était déjà très ténu lors de sa parution ; le sujet d'actualité n'appelait pas en lui-même le traitement qui en a été fait. S'il franchit le temps sans son contexte, c'est pour une raison différente : il ne heurte pas l'opinion dominante, il la caresse dans le sens de ses préjugés. Il ne transgresse pas les clichés des « navets anti-islam », il les conforte, en puisant dans le vieux répertoire des images négatives de l'islam, comme celle qui sexualise la posture de la prière musulmane pour la tourner en dérision.

Huit ans ont passé, disais-je, depuis la première publication du dessin de Coco. Dans l'intervalle, l'événement le plus traumatique qu'on puisse imaginer a bouleversé la vie de la dessinatrice, Corinne Rey dans le civil : elle figure parmi les rescapés – il faudrait dire les miraculés – de la tuerie perpétrée dans les locaux de *Charlie Hebdo* le 7 janvier 2015, qui a fait douze morts, dont cinq dessinateurs. C'est elle, en effet, qui, braquée par les frères Kouachi lors d'une pause au rez-de-chaussée, fut contrainte de leur ouvrir le passage en composant le code d'accès à la salle de rédaction. Cinq ans plus tard, lors du procès des complices du massacre, elle évoquera la profondeur de son traumatisme :

> Je me suis sentie impuissante. C'est l'impuissance qui est le plus dur à porter. Je me suis sentie très longtemps coupable. Au bout de deux ans, ça allait mieux. Suffisamment pour me rendre compte que ce n'est pas moi la coupable là-dedans. Les seuls coupables, ce sont les terroristes islamistes, les Kouachi, leurs complices et les complices dans la société qui ferment les yeux devant l'islamisme et qui baissent leur froc devant l'idéologie. Il y a aussi un problème de société et je voulais pouvoir le dire ici[22].

L'expression « baisser son froc » sonne étrangement quand on songe au traitement réservé par la dessinatrice au prophète de l'islam. La mise à nu, dans les deux cas, matérialise la dégradation de la personne humaine. Quant au thème des « complices dans la société », il fait écho à la théorie officielle de l'islamo-gauchisme « mortifère ». *Charlie Hebdo* a maintes fois revendiqué son irresponsabilité. Coco revendique une liberté absolue, renforcée par l'épreuve du carnage de 2015 ; je respecte sa foi dans le pouvoir sacré de la

22. Témoignage déposé le 8 septembre 2020 devant la Cour spéciale d'assises de Paris, d'après les comptes rendus de séance de *Libération* et d'*Actu-juridique.fr*.

désacralisation – c'est celle de tout le collectif – mais c'est une croyance que nul n'est obligé de partager et qu'on ne saurait imposer aux élèves.

L'espace et le temps me manquaient pour insérer ces analyses dans la lettre aux professeurs publiée dans *La Vie des idées*, d'autant que ma réflexion a progressé depuis. Usant alors de ma liberté d'expression et de jugement, j'ai opposé le dessin de Coco à celui de Cabu et l'ai qualifié de « nul », parce qu'il était dépourvu à mes yeux d'alibi politique, esthétique ou humoristique[23]. Un jugement purement subjectif, m'a rétorqué Marcel Gauchet[24]. Un jugement faisant fi du contexte de la caricature, m'a objecté Gwénaële Calvès[25]. Pour cette dernière, je suis un

23. Soit dit en passant, les dessins de Coco manifestent aujourd'hui un soin et une maîtrise sans commune mesure avec l'improvisation du croquis de 2012.

24. « Marcel Gauchet face à François Héran : la liberté d'expression en débat » (propos recueillis par Martin Legros), *Philosophie Magazine*, 7 décembre 2020.

25. Gwénaële Calvès, « Vous enseignez la liberté d'expression ? N'écoutez pas François Héran ! », *Mezetulle* (blog-revue de Catherine Kintzler), 3 novembre 2020 (<www.mezetulle.fr>). J'ai eu la chance de côtoyer Gwénaële Calvès dans les années 2011-2015, au sein de l'Alliance de recherche sur les discriminations, qui allouait des bourses doctorales de la région Île-de-France. Elle me tient pour un « grand savant » (d'où sa déception), je la tiens pour une grande juriste (malgré nos désaccords de fond).

internaute démuni, ne disposant pas du « moindre outil nécessaire à la compréhension de ce qu'il voit sur son écran », illustrant les « ravages de la révolution contemporaine des modes de communication ». Inutile de réfuter ce cliché, bien contemporain lui aussi. Je viens de m'expliquer en détail : le dessin de Coco faisait déjà fi du contexte.

À l'objection de Marcel Gauchet, je réponds que les distinctions entre les registres d'expression, comme celles que pratiquent les dictionnaires (relevé, savant, didactique, neutre, familier, vulgaire, injurieux, obscène...) ont beau être flottantes, elles n'en existent pas moins. Elles sont même indispensables. Je suis certain qu'au cours de sa longue carrière de rédacteur en chef, il les a lui-même pratiquées (dans la partie supérieure du nuancier, bien sûr) avec tout le discernement dont il était capable chaque fois qu'il devait juger un projet d'article sur le fond et sur la forme. On ne le répétera jamais assez, *ce n'est pas parce que leurs frontières sont indécises que les catégories n'existent pas.* De ce que la limite entre la richesse et la pauvreté est flottante et dépend des critères adoptés, qui conclurait qu'il n'y aurait dans ce monde ni riches ni pauvres ? Il en va de même de tous les continuums : la santé et la maladie existent, même si leur frontière est indécise. Si la mort est un seuil implacable, nul ne sait, en revanche, où passe la limite entre la jeunesse et la vieillesse, l'amour et la haine, l'érotique et l'obscène, la culture et l'inculture, le chef-d'œuvre et le navet... Et pourtant, ces couples de valeurs fonctionnent et polarisent nos jugements, même si le curseur varie : impossible de les ignorer[26]. C'est une leçon que je retiens de mon expérience professionnelle de statisticien : contrairement à un préjugé tenace, le flou des catégories ne les abolit pas. Bien au contraire, il contribue à les entretenir. On se fourvoie quand on s'imagine que seules des démarcations tranchées seraient « objectives », voire « scientifiques ». C'est un argument scientiste que les scientifiques chevronnés n'utilisent pas. La science n'est pas fixiste, elle travaille de longue date sur des probabilités, des niveaux de densité, des degrés de certitude, et cette science du flou et des « grumeaux » n'a rien à voir avec le subjectivisme. Concluons : ce n'est pas parce qu'on célèbre la liberté d'expression qu'on doit négliger les niveaux d'expression.

---

26. C'est l'antique paralogisme du « sorite » : nier l'existence des tas de blé sous prétexte qu'on ignore le nombre exact de grains nécessaires pour faire un tas.

Quand l'État se lie à *Charlie*

Les fiches de décryptage publiées par l'association DCL sur la liberté d'expression à l'égard des religions expriment-elles le point de vue d'un acteur privé ou celui d'une entité publique ? En utilisant la fiche « religion et caricature de Mahomet » qui offrait à l'admiration des élèves le croquis obscène de Coco, les professeurs qui ont préparé le cours du 2 novembre en hommage à Samuel Paty pouvait-ils penser avec confiance qu'ils empruntaient un chemin sûr, officiellement balisé ? Clairement, oui. Examinons en effet le statut de l'association DCL et les nombreux soutiens publics dont elle bénéficie.

Dans une longue interview au *Point*, Agathe André, ancienne grand reporter à *Charlie Hebdo* et présidente de DCL, a raconté ses démêlés avec le ministère de l'Éducation nationale[27]. Elle dénonce la « lâcheté institutionnelle » des hauts responsables avec lesquels elle a négocié, leur frilosité à l'idée d'exposer aux élèves des dessins à contenu sexuel, leur malaise face à la promotion active d'un hebdomadaire privé. Elle raconte qu'elle a dû faire appel à Caroline Fourest

27. Agathe André, « *Charlie Hebdo* : "S'il y avait radicalisation de la laïcité, il faudrait l'encourager !" » (propos recueillis par Laureline Dupont), *Le Point.fr*, 8 janvier 2018.

pour secouer le cabinet de la ministre (à l'époque Najat Vallaud-Belkacem) et amener l'agence Canopé à s'exécuter. Elle déplore le désintérêt de Jean-Michel Blanquer pour l'association… Elle découvre surtout que la ferveur soulevée par les attentats retombe avec le temps et que la bureaucratie finit par reprendre le dessus, conformément au modèle de la « routinisation du charisme » formulé par Max Weber. Typique est la réaction d'Agathe André quand elle apprend que, pour obtenir le prolongement de la subvention ministérielle, il faudra désormais déposer une demande comme n'importe quelle autre association. Un de ses interlocuteurs aurait même suggéré que seul un nouvel attentat pouvait ranimer la flamme du ministère… Pour comprendre les tenants et les aboutissants de ces désaccords, il faudrait en toute justice, entendre le son de cloche des deux parties : chacune avait ses contraintes et ses raisons. C'est une difficulté qu'on connaît bien au ministère de la Culture : comment inscrire dans la durée et dans les règles le soutien accordé dans l'ivresse du moment au projet hors normes d'un créateur de génie ?

Il n'empêche. Tout en contant par le menu ses déboires avec les ministères et leurs agences, la présidente de DCL confirme que l'État a accordé à DCL un soutien financier et logistique notable et ce, dès la création de l'association. Ce soutien se poursuivra quand DCL étendra son activité de l'exposition de dessins d'enfants au commentaire des dessins de presse. DCL affiche sur son site les logos de dix-sept entités, dont seize sont publiques. La liste vaut la peine d'être citée intégralement. On y trouve deux ministères : l'Éducation nationale et la Culture, mais aussi les deux entités interministérielles placées sous l'autorité de Matignon pour lutter contre les discours de haine, à savoir la Dilcrah (Délégation interministérielle à la lutte contre le racisme, l'antisémitisme et la haine anti-LGBT) et le CIPDR (Comité interministériel de prévention de la délinquance et de la radicalisation). S'y ajoutent l'ANCT (Agence nationale de la cohésion des territoires, dépendant du ministère éponyme) et deux entités du ministère de l'Éducation nationale : le Clémi (Centre pour l'éducation aux médias et à l'information) et le réseau pédagogique Canopé. La pédagogie audiovisuelle est représentée par France-tv éducation (devenue Lumni en novembre 2019). L'association DCL ayant parmi ses missions celle de mobiliser des archives sur l'histoire de la caricature, elle bénéficie logiquement du soutien de l'INA (Institut national de l'audiovisuel), de l'AFP (Agence France-Presse), de l'École supérieure des arts et industries graphiques (dite École Estienne Paris) et de la Bibliothèque nationale de France, laquelle est également présente à travers son concours de dessins de presse, le Trophée Presse

Citron. Surprenant, en revanche, est l'appui de la Caisse d'allocations familiales de Paris et celui du Conseil départemental de la Haute-Garonne (présidé par le socialiste Georges Méric) : en quoi ces deux départements sont-ils plus concernés par l'objet de DCL que les cent autres ? L'unique entité privée à avoir accordé son label à l'association DCL est Fat Cat Films, une agence de production spécialisée dans les films « institutionnels et publicitaires », qui doit sans doute passer par des marchés publics[28].

Cette liste ne signifie pas que tout a été facile pour l'association, loin de là. Ses bénévoles (dont la présidente en personne) n'ont pas ménagé leurs efforts pour toucher les enseignants et les élèves à travers le pays. Mais une caution officielle aussi visible et diversifiée est un atout dont peu d'associations peuvent se prévaloir. Le modèle d'organisation de la présidente évoque d'ailleurs une logique de quadrillage du territoire très administrative. Interviewée sur France Culture trois jours après le meurtre de Samuel Paty, elle émet le vœu que l'on puisse un jour envoyer dans

28. Classification donnée par le site societe.com. Selon cette source, consultée en janvier 2021, Fat Cat films est un établissement de la SAS Okio Studio, qui appartient à la galaxie des sociétés du groupe publicitaire Première Heure fondé par Patrice Haddad (président par ailleurs du Red Star de Saint-Ouen).

toutes les académies de France des « référents DCL » comme il existe déjà des « référents laïcité »[29].

Les enseignants à qui j'ai signalé la fiche-décryptage de DCL ont été stupéfaits par son contenu et, plus encore, de découvrir que ce matériel avait reçu un tel aval de l'institution scolaire et de ses satellites. Comment imaginer qu'on puisse offrir à des élèves de quatrième une initiation aussi crue à la liberté d'expression ? À l'évidence, les conditions de base pour ne pas heurter les consciences des élèves ne sont pas réunies.

Une question légitime est de savoir comment tant d'instances officielles peuvent labelliser et donc avaliser un matériel pédagogique à ce point inapproprié. Dans le cas d'espèce, ce ne sont pas des citoyens ordinaires qui encouragent la diffusion d'une caricature allant à l'encontre du respect des croyances, c'est bel et bien la République à travers ses ministères, ses agences et ses agents.

---

29. Intervention dans les *Matins de France Culture*, de Guillaume Erner, « Après l'assassinat terroriste d'un enseignant, que peut la République ? » (avec Didier Leschi, Souad Ayada et Agathe André), 19 octobre 2020. L'interview d'Agathe André commence à la 37ᵉ minute. Mêmes propos dans une interview sur DCL publiée dans *Charlie Hebdo*, 19 octobre 2020

« Nous ne renoncerons pas... » Qui donc est ce *nous* ?

« Nous ne renoncerons pas aux caricatures... », proclamait le président Macron dans son discours de la Sorbonne. Mais que signifie ce *nous* dans la bouche d'un président de la République ? Ce n'est pas celui qu'emploie Riss pour justifier la republication des caricatures (« Nous ne nous coucherons jamais, nous ne renoncerons jamais »). C'est un *nous* qui semble engager la France entière : la société civile et l'État, la nation et ses représentants, les trois pouvoirs réunis, tandis que l'allusion à la reculade des *autres* vise des nations étrangères, peut-être aussi des courants d'opinion internes.

Pour les juristes, pourtant, *nous* est une source de confusions, qu'il faut dissiper en distinguant les rôles : chacun est libre de railler ou dénigrer sans retenue les convictions d'autrui, tandis que les pouvoirs exécutif et judiciaire, en position de surplomb, s'occupent de protéger cette liberté sans en user eux-mêmes. Si les libertés publiques sont dites publiques, c'est en ce sens très particulier : elles supposent tout à la fois la non-intervention des pouvoirs publics dans les initiatives individuelles et leur présence agissante pour les garantir. Or la dissociation des niveaux s'avère impossible si le ministère de l'Éducation nationale et l'hebdomadaire *Charlie Hebdo*, sont associés dans la diffusion des caricatures de Mahomet à travers l'association DCL. Clairement, l'État est engagé dans le *nous*, alors qu'il est tenu constitutionnellement de respecter toutes les croyances et d'observer vis-à-vis d'elles une stricte neutralité.

Les argumentaires qui tentent de dégager la responsabilité de l'État en la reportant sur l'auteure du dessin sont donc irrecevables. Elle-même assume crânement ses choix et je ne lui en fais aucun reproche. Le problème commence à se poser lorsque l'État, à travers son système éducatif et artistique, endosse à son tour les choix particuliers des dessinateurs et encourage ses agents à « enseigner » aux élèves toutes les caricatures, quelles qu'elles soient. Le *kit* de ressources à utiliser pour le cours du 2 novembre 2020, encore visible sur le site de DCL dans les premiers jours de 2021, met en avant la fiche-décryptage centrée sur le dessin de Coco. Sauf enquête rétrospective (qu'il serait toujours possible d'organiser), on ignore combien de professeurs d'EMC ont repris ce dossier pour mettre le dessin de Coco sous les yeux des élèves ce jour-là, rejouant ainsi le cours de Samuel Paty. On ignore quelles furent alors les réactions des élèves et dans quelle mesure cette éventuelle reprise expliquerait une partie des « incidents » recensés ce jour-là par le ministère.

Selon la doctrine officielle, l'article 1er de la Constitution réserve à la République et à elle seule le soin de « respecter toutes les croyances » (on essaiera de voir tout à l'heure ce que cela peut bien signifier), tandis que les particuliers, eux, ne sont tenus à rien : ils peuvent dénigrer les croyances sans retenue, sous le couvert du premier alinéa de l'article 9 de la Convention européenne des droits de l'homme, interprété par l'arrêt *Handyside* de 1976. Si l'on veut maintenir cette fiction (celle d'une République non engagée par les comportements des citoyens) et si l'on veut la légitimer, alors il est impératif que la quinzaine d'entités publiques soutenant l'association DCL retirent leur label et que le ministère de l'Éducation nationale cesse d'en faire la promotion sur les sites des académies. La question posée est simple : sur le double plan juridique et éthique, le matériel de DCL, coproduit par *Charlie Hebdo* et l'État, peut-il être utilisé par les agents de l'État en exercice que sont les professeurs ? Il va de soi que je parle ici des caricatures de Mahomet tirées de *Charlie Hebdo* et non des dessins d'enfants collectés par l'association.

Si la République, aux termes de l'article 1er de la Constitution, est tenue de « respecter toutes les croyances » autrement qu'en leur concédant le droit à mener une vie normale, doit-elle être la seule à le faire ? Risque-t-on vraiment de bâillonner la liberté d'expression si la population – et pas seulement la République – observait un minimum de respect envers les croyances d'autrui ? J'ai fortement insisté sur cette phrase de la Constitution dans ma lettre aux professeurs. Un juriste m'a adressé un message indigné pour me rappeler que la République est la République, sans rapport avec vous et moi. Les simples particuliers, eux, ne sont tenus de respecter aucune croyance. Quitte à aggraver mon cas, je persiste à ne pas comprendre. Si seule la République est tenue de respecter les croyances, alors cette obligation devrait s'étendre aux professeurs de l'Éducation nationale dans l'exercice de leurs fonctions, selon le principe déjà posé par Jules Ferry.

En réplique aux protestations du monde musulman qui faisaient de lui le promoteur direct des caricatures de Mahomet, Emmanuel Macron a tenté de dissocier les registres dans son intervention sur la chaîne qatarie Al Jazeera :

> La question n'est pas de savoir si la France et, la représentant, le président de la République française, fait ces caricatures ou les soutient en tant que telles – ce n'est pas le sujet parce que cette presse est libre, ce ne sont pas des journaux officiels, ce n'est pas le gouvernement français qui a fait ces caricatures – mais si le président de la République en France est d'accord pour supprimer ce droit : la réponse est non parce que c'est un droit du peuple français et il touche tout le

> monde. Et donc ce qui est important, c'est que je dois préserver cette liberté. Je veux ensuite que tout ça se fasse dans le respect de chacune et chacun, mais cette liberté est importante[30].

« Ce n'est pas le gouvernement français qui a fait ces caricatures. » Certes. Mais il soutient le prolongement associatif de l'hebdomadaire qui les a publiées et ce, à travers une quinzaine de canaux officiels. Je pense que le chef de l'État l'ignorait quand il a fait sa déclaration. Garant des libertés publiques, il défend le *principe* d'une libre diffusion des caricatures antireligieuses sans se prononcer sur leur *contenu*. S'il en désapprouve certaines à titre personnel (ce qui est fort probable), il est exclu qu'il en fasse l'aveu public. Déployant tous ses talents de pédagogue, Emmanuel Macron a expliqué au monde musulman que la société française distinguait finalement deux niveaux : un *sur-nous* républicain composé des pouvoirs publics et des agents de l'État (professeurs compris), source de respect pour toutes les croyances, et un *nous autres d'en bas*, un peu l'équivalent du « ça » dans la topique freudienne, laissant libre cours aux propos les plus agressifs à l'encontre des religions, « tout ça dans le respect de chacune et chacun ».

---

30. Emmanuel Macron, entretien à Al Jazeera, 31 octobre 2020, texte du site de l'Élysée.

Il faut en convenir, la séparation des deux *nous* ne va pas de soi pour les habitants de l'Hexagone. *A fortiori* ces distinguos ont-ils peu de chances d'être saisis au Proche-Orient, au Moyen-Orient et au Maghreb, sous des régimes qui tendent à confondre tous les *nous* en plaçant la vie civile sous la double domination de la sphère religieuse et d'un exécutif autoritaire. Raison de plus pour que la France, quant à elle, dissipe toute confusion. L'État français doit clarifier sa position en retirant tout soutien (labels, logos, subventions) à des entités engagées dans la production de caricatures antireligieuses. Chacun est libre de les produire et de les consommer, mais la République, elle, n'est pas tenue de les soutenir et de les diffuser. Elle est seulement tenue de garantir la liberté d'expression dans les limites prévues par la loi.

Liberté de conscience, liberté d'expression : le défi des tours jumelles

Essayons, à présent, d'affermir ces analyses en les replaçant dans un cadre juridique, historique et comparatif. La liberté de conscience et la liberté d'expression forment un couple inséparable dans les déclarations des droits et les conventions internationales. Depuis 1789, la structure ne change guère. Chaque liberté a son article, et chaque article aligne deux propositions : l'énoncé solennel du principe, l'annonce qu'il doit s'exercer dans les limites de la loi. Cette restriction étant lourde de menaces pour les libertés, c'est à la jurisprudence qu'il revient de veiller à *limiter les limitations* à la liberté. La liberté de conscience et la liberté d'expression contribuent à *faire démocratie*. Elles sont, pour ainsi dire, les tours jumelles de la démocratie, entourées d'autres édifices : liberté de réunion, respect de la vie privée, respect de la dignité humaine... Le lecteur l'aura compris, l'image des « tours jumelles » n'est pas innocente. C'est une façon de rappeler que la liberté de conscience et la liberté d'expression sont à la fois solidaires et distinctes, imposantes et fragiles[1]. On les dit souvent complémentaires mais elles peuvent aussi entrer en conflit. Par ailleurs, les djihadistes prennent régulièrement ces deux tours pour cibles dans le fol espoir d'imposer une croyance unique et d'étouffer toute expression libre. L'effet produit est asymétrique : chacune de leurs attaques renforce l'attachement des citoyens à la liberté d'expression, alors que la liberté de croyance en sort plutôt affaiblie, y compris chez les chrétiens, pourtant frappés eux aussi par les attentats. Essayons de tirer la question au clair en suivant un fil chronologique.

La déclaration de 1789 : les libertés nuisent-elles à autrui ?

Approuvée par la Constituante le 27 août 1789, la Déclaration des droits de l'homme et du citoyen a connu un retentissement considérable : elle a été

1. J'ai eu l'occasion de visiter les Twin Towers de New York six mois avant leur effondrement. Il faisait nuit, la baie était calme, on voyait briller au loin la statue de la Liberté, tandis que les tours elles-mêmes me semblaient à la fois grandioses et vulnérables.

prestement traduite dans les grandes langues européennes. Affichée de nos jours dans les établissements scolaires de France, elle me semblait suffisamment connue. Aussi me suis-je contenté, dans ma lettre, de citer le principe de non-nuisance consacré par l'article 4 : « La liberté est le droit de pouvoir faire tout ce qui ne nuit pas autrui. » Cela ne suffisait pas. J'aurais dû remettre aussi en mémoire les articles 10 et 11 :

> Art. 10. Nul ne doit être inquiété pour ses opinions, même religieuses, pourvu que leur manifestation ne trouble pas l'ordre public établi par la loi.
> Art. 11. La libre communication des pensées et des opinions est un des droits les plus précieux de l'homme : tout citoyen peut donc parler, écrire, imprimer librement, sauf à répondre de l'abus de cette liberté dans les cas déterminés par la loi.

Vaste est la littérature savante sur la genèse de la Déclaration de 1789[2]. Je m'en servirai à l'occasion, mais en suivant mon propre chemin. S'il faut

---

2. Marcel Gauchet, *La Révolution des droits de l'homme*, Gallimard, Paris, 1989, reste une référence majeure. Voir aussi Valentine Zuber, *Le Culte des droits de l'homme*, Gallimard, Paris, 2014. Les débats des assemblées, republiés en 1875 dans le tome 8 des *Archives parlementaires*, sont accessibles en ligne (<www.persee.fr/issue/arcpa_0000-0000_1875_num_8_1>).

revenir à ce texte fondateur, c'est que les tensions autour des deux articles n'ont jamais été résorbées. L'Assemblée constituante les discute les 22 et 23 août 1789 dans des séances si houleuses qu'il a fallu parfois interrompre la transcription des débats. La rédaction finale est le fruit d'un compromis politique. Le début de l'article 10 (« Nul ne doit être inquiété pour ses opinions, même religieuses ») est dû à Boniface de Castellane-Nojean, élu de la noblesse du Perche et franc-maçon, qui justifie sa position par un argument métareligieux, qu'on appelle aujourd'hui en éthique la Règle d'or : « Je suis encore parti d'un principe plus sacré, celui que nous lisons dans tous les livres de morale : ne faites pas à autrui ce que vous ne voudriez pas qu'on vous fît[3]. »

Dans la discussion qui suit, le plus ardent défenseur de la liberté de conscience est le pasteur Jean-Paul Rabaut Saint-Étienne, qui interpelle la majorité catholique au nom de sa minorité : « Vous ne pouvez pas avoir un seul droit que je n'aie. » Trop peu connu de nos jours, Rabaut Saint-Étienne est une grande figure du protestantisme français et un acteur majeur de la Révolution[4]. En 1787, il avait arraché au garde

3. *Archives parlementaires*, *op. cit.*, 23 août 1789, p. 477.

4. Élu président de la Constituante en mars 1790, Rabaut Saint-Étienne présidera aussi la Convention en janvier 1793.

des Sceaux de Louis XVI l'édit de Versailles – ou « décret de tolérance » – qui mit fin à l'obligation pour les protestants de se convertir au catholicisme s'ils voulaient avoir accès à l'état civil. Député du tiers état pour Nîmes et Beaucaire, son discours du 23 août est l'un des sommets de l'éloquence révolutionnaire : il dénonce dans la tolérance une forme insidieuse d'intolérance et réclame pour toutes les religions la liberté de culte pure et simple au nom du principe d'égalité. Il convainc ainsi l'assemblée de consolider le début de l'article 10. Mais, *in extremis*, l'évêque alsacien Jean-Baptiste Gobel obtient l'adjonction d'une formule restrictive empruntée à Mirabeau : « pourvu que leur manifestation ne trouble pas l'ordre public établi par la loi ». Gobel n'est pas un prélat ordinaire : évêque coadjuteur de Bâle, élu par le bailliage de Huningue, il est favorable au mariage des prêtres et sera le premier évêque constitutionnel de Paris[5].

Le lendemain, 24 août 1789, l'assemblée discute l'article 11 sur la « liberté de la presse » (expression utilisée dans les débats). Le duc de La Rochefoucauld-Liancourt, élu de la noblesse du Beauvaisis, anglophile

---

Partisan des Girondins contre Hébert et Marat, il est guillotiné le 5 décembre 1793.

5. Robespierre l'enverra à l'échafaud en avril 1794 pour s'être opposé au culte de l'Être suprême.

aux idées libérales, loue la liberté de la presse d'avoir détruit le despotisme et le fanatisme[6]. C'est à lui que l'on doit l'essentiel de la rédaction. Sa version est déjà proche du texte final :

> La libre communication des pensées et des opinions est un des droits les plus précieux à l'homme ; tout citoyen peut donc parler, écrire, imprimer librement, sauf à répondre des abus de cette liberté, dans les cas prévus par la loi.

Robespierre sort de son silence pour fustiger l'exception finale : « Le despotisme seul a imaginé des restrictions : c'est ainsi qu'il est parvenu à atténuer tous les droits. » Mais, là encore, c'est Rabaut Saint-Étienne qui développe l'argumentation la plus détaillée. Les gens en place, craint-il, tireront parti de cette restriction. S'ils sont mis en cause par la presse, ils n'hésiteront pas à dénoncer une atteinte à l'ordre public en invoquant un exercice abusif de la liberté. Contre cette dérive, le député de Nîmes propose de remplacer la restriction légale par un simple rappel du principe de non-nuisance : « sous la seule condition de ne pas nuire à autrui », principe qu'il emprunte

6. Après le 10 août 1792, La Rochefoucauld-Liancourt émigrera en Angleterre, puis aux États-Unis, avant de revenir en France sous le Consulat et de finir à la Chambre des pairs sous la Restauration.

à un autre aristocrate libéral, le duc de Lévis[7]. Il considère donc qu'à la différence d'une législation sur les « abus » de la liberté d'expression, le rappel du principe de non-nuisance n'est pas potentiellement liberticide. Il s'en justifie de façon plus générale : « Placer à côté de la liberté de la presse les bornes que l'on voudrait y mettre, ce serait faire une déclaration des devoirs au lieu d'une déclaration des droits. » Or il n'y a d'autres devoirs, pour lui, que celui de respecter les droits d'autrui. Rabaut Saint-Étienne fait partie des députés qui parviendront à rejeter les diverses propositions d'une « déclaration des devoirs » ou d'une « déclaration des droits et des devoirs »[8]. Ainsi éclairée, l'Assemblée peut écarter l'amendement défendu par l'évêque d'Amiens, très hostile à la « liberté indéfinie » de la presse, qui voulait assurer « la conservation des mœurs et l'intégrité de la foi ».

Non seulement, les débats de la Constituante sur les deux articles ne reflètent pas les divisions sociales du pays (les trois ordres se mêlent et c'est plutôt un débat au sein de l'élite), mais on ne peut même pas

---

7. Pierre-Marc Gaston de Lévis, bailli de Senlis, élu de la noblesse aux États généraux. Il n'a que vingt-cinq ans en 1789. Il devra émigrer en 1793 et dirigera en juin 1795 le débarquement royaliste à Quiberon mais sans succès.

8. Question soulevée par Marcel Gauchet et analysée par Valentine ZUBER, *Le Culte...*, *op. cit.*

dire que l'opposition entre partisans et adversaires de la liberté d'expression recouperait le clivage entre conservateurs chrétiens et républicains libéraux. Le tableau est plus complexe. Le camp libéral, incarné notamment par l'aristocratie anglophile et le clergé protestant, admet lui-même que la liberté d'expression ne peut être illimitée. Il se divise sur la nature et la forme juridiques des restrictions. Mirabeau, par exemple, préconise de corriger tous les amendements sur la liberté de la presse en remplaçant « restriction » par « répression ». Partageant l'aversion des Anglais pour le *prior restraint*, il exige que la presse ne soit pas censurée *a priori* : seuls peuvent être réprimés *a posteriori* les délits définis par la loi. Il anticipe ainsi le basculement qu'effectuera un siècle plus tard la loi sur la presse de 1881 : supprimer l'autorisation préalable, passer du contrôle préventif de la presse au contrôle répressif. Mais l'assemblée ne le suit pas. Rabaut Saint-Étienne, quant à lui, est hostile à tout contrôle de la liberté de la presse mais admet qu'elle doit respecter à tout le moins le principe de non-nuisance. Marcel Gauchet pense que les écrits de l'abbé Sieyès alimentent en filigrane les débats de la Constituante dans le sens d'une rupture radicale. C'est certain, mais bien d'autres libelles ou mémoires les ont préparés.

On mesure au passage la complexité des trajectoires et des positions chez les constituants : c'est un pasteur qui réclame la liberté de conscience absolue et la liberté illimitée de la presse, c'est un évêque libéral qui souhaite la restreindre, de même que Mirabeau, mais après coup. Sur ces deux libertés majeures, la rédaction de la Déclaration des droits de l'homme porte la marque puissante des « nobles libéraux » qui ont ramené d'Angleterre ou des États-Unis des idées nouvelles et s'en réclament ouvertement[9]. Tous ces personnages jouent un rôle moteur au début de la Révolution mais devront ensuite quitter la scène. Les constituants n'ont pas le droit de se représenter à l'Assemblée législative et les nobles libéraux seront pris à contre-pied par les journées insurrectionnelles d'octobre 1789 et par la fuite du roi à Varennes en juin 1791.

Les députés du tiers état ont joué leur rôle. J'ai évoqué Sieyès. Il faut citer Jacques Pierre Brissot, le futur chef des Girondins. Fils d'un chef cuisinier, Brissot est sorti de sa condition par un goût acharné de l'étude, il est nourri de Rousseau et d'auteurs anglais, au point d'angliciser son nom en Brissot de Warville.

9. Les « 47 nobles libéraux » sont les députés de la noblesse aux États généraux qui décident, le 25 juin 1789, de rejoindre le tiers état formé à l'instigation de Sieyès huit jours plus tôt. Ils contribuent ainsi à convertir les États généraux en Assemblée constituante. On peut y ajouter d'autres nobles, aux idées proches, comme Lafayette ou La Rochefoucauld-Liancourt.

La brochure qu'il publie en juin 1789, *Mémoire aux États généraux sur la liberté de la presse*, cite les « dissidents » anglais John Wilkes et John Jebb, qui, trente ans plus tôt, ont célébré dans la liberté de la presse le « boulevard des libertés ». Le mot « boulevard », terme de fortification tiré du flamand *bolwerk*, garde encore à l'époque son sens premier de « bastion », « rempart », « sauvegarde »[10]. Brissot rend ainsi l'expression *bulwark of the liberties,* utilisée en 1776 par George Mason à l'article 12 de la Déclaration des droits de Virginie : « *The freedom of the press is one of the great bulwarks of liberty, and can never be restrained but by despotic governments.* » Phrase difficile à traduire en français car elle distingue *freedom* (le pouvoir d'agir comme on veut) et *liberty* (la liberté légalement garantie). En gros : « laisser la presse agir à sa guise est l'un des plus grands bastions de la liberté, que seuls peuvent restreindre les gouvernements despotiques ». On trouve un superlatif analogue dans l'article 11 de la Déclaration de 1789 : « un des droits les plus précieux... ». En 1814 encore, Benjamin Constant voit dans la liberté de la presse « le boulevard de tous les droits, cette garantie de toutes les

10. L'acception actuelle du mot « boulevard » est apparue au XIXe siècle avec les conversions des fortifications urbaines en promenades arborées. Le sens du mot s'est quasiment inversé : désormais, au lieu de bloquer l'accès, le boulevard le dégage.

existences[11] ». De nos jours, l'association des avocats américains s'interroge : les médias sont-ils encore « un pilier de la liberté, un rempart contre la tyrannie » (*a pillar of freedom, a bulwark against tyranny*)[12] ?

À lire aujourd'hui les débats de l'été 1789, on découvre que l'éloquence des constituants reposait sur de solides bases historiques, juridiques et philosophiques. Ils connaissaient les modèles anglais et américain. Le premier des trente projets de déclaration déposés à l'Assemblée fut celui de Lafayette, rédigé avec l'aide de Thomas Jefferson, alors ambassadeur américain à Paris. Mais les constituants, comme le rappelle Gauchet, comprennent qu'il faut adapter les exemples étrangers à l'état du pays[13]. Organiser des communautés d'exilés dans le Nouveau Monde est une chose ; c'en est une autre de proclamer l'égalité des droits dans une société recrue d'histoire et percluse de privilèges et d'inégalités. Edmund Burke et Hippolyte Taine ont répandu le mythe que les constituants

---

11. Cité in Patrice Rolland, « Les droits garantis », *Revue française d'histoire des idées politiques*, vol. 18, n° 2, 2003, p. 303-330.

12. Stephen J. Wermiel, « Freedom of the press. Challenges to this pillar of democracy », *American Bar Association*, 26 mars 2019 [en ligne].

13. Marcel Gauchet, « Les droits de l'homme », dans François Furet et Mona Ozouf (dir.), *Dictionnaire critique de la Révolution française*, Flammarion, Paris, 1988, p. 685-695.

étaient de médiocres gens de plume éloignés des réalités concrètes. C'est une calomnie. L'analyse de leurs trajectoires par Edna Lemay a révélé qu'il n'en était rien : ils appartenaient pour la plupart aux couches les plus instruites de la noblesse, du clergé et du tiers état[14].

« Liberté d'expression » : le mot, la chose, l'effet

Pour les hommes de 1789, la liberté de la presse, c'est avant tout le droit de critiquer, au besoin par les libelles les plus vifs, les « hommes publics », les « gens en place », les dignitaires de l'Église, les ministres, la famille royale. S'ils évoquent la « libre communication des pensées », ils ne parlent pas encore de « liberté d'expression » car cette formule qui nous paraît aller de soi prendra seulement son essor en France après la Seconde Guerre mondiale. Mais, m'a-t-on fermement objecté[15], le mot n'existait-il pas avant la chose ? Pour clarifier la question, il faut distinguer non pas deux éléments mais trois : le *mot*, la *chose*,

14. Edna Hindie LEMAY, *Dictionnaire des constituants*, Universitas, Paris, 1991, 2 vol., commenté par Patrick GUENIFFEY, *La Politique de la Terreur. Essai sur la violence révolutionnaire (1789-1794)*, Gallimard, Paris, p. 104-107.

15. Gwénaële CALVÈS, « Vous enseignez la liberté d'expression ? », *loc. cit.*

l'*effet*. Commençons par quelques indications sur l'outil de lexicographie que j'utilise ici.

Les internautes du monde entier disposent gratuitement depuis décembre 2010 d'une application informatique puissante, *Ngram Viewer*, qui permet de tracer instantanément sur un graphique et ce, depuis le XVIIIe siècle, la fréquence d'usage des mots de la langue française – plus précisément, des séquences de un à cinq mots (comme « droits de l'homme », « libertés publiques », « liberté d'expression », « Voltaire », « Rousseau »...). L'application exploite les millions de textes imprimés dans les principales langues européennes et scannés par Google. À l'expérience, le corpus francophone est très précis à partir de 1730, ce qui permet d'inclure les innovations lexicales de la Révolution. Je renvoie le lecteur aux exposés détaillés que j'ai consacrés à *Ngram Viewer* : outre le mode d'emploi, ils décrivent la portée et les limites de cet outil lexicométrique hors du commun[16]. Il en ressort

16. François HÉRAN, « La démographie et son vocabulaire au fil des siècles : une exploration numérique », *Population et sociétés*, n° 505, novembre 2013, 4 p. Plus développé : *ID.*, « Les mots de la démographie des origines à nos jours : une exploration numérique », *Population*, vol. 70, n° 3, 2015, p. 525-566 (commence par une présentation générale de l'outil, nourrie d'exemples dans toute sorte de domaines). Depuis lors, les corpus de *Ngram Viewer* ont été actualisés jusqu'en 2017.

que la locution « liberté d'expression » n'existait guère avant 1945. Les occurrences antérieures sont rares et gardent encore un sens esthétique (« peindre un sujet avec une grande liberté d'expression »). C'est seulement après la Seconde Guerre mondiale que « liberté d'expression », calqué sur l'anglais *freedom of expression*, a véritablement décollé dans la langue française.

La fortune des termes juridiques dans la culture imprimée en général, telle qu'on peut la suivre à travers la lexicographie, est un bon indicateur du recours effectif aux ressources du droit dans la vie sociale. Les changements de vocabulaire peuvent évidemment dissimuler une certaine continuité des concepts, mais ces changements ne sont pas aléatoires : ils traduisent des avancées dans la mise en œuvre effective des concepts. Ce n'est pas seulement un jeu entre les mots et les choses mais un jeu entre les *mots*, les *choses* et les *effets*. On peut faire le parallèle avec la notion de « suffrage universel » : l'expression n'apparaît pas avant 1800, lors du plébiscite de l'an VIII organisé par Bonaparte pour valider l'instauration du Consulat[17]. Cela ne veut pas dire qu'une histoire du suffrage universel ne doit pas remonter aux débuts de la Révolution. Simplement, l'apparition

---

17. Pierre Rosanvallon, *Le Sacre du citoyen. Histoire du suffrage universel en France*, Gallimard, Paris, 1992.

de l'expression littérale est le signe qu'on franchit un pas significatif dans la mise en œuvre des dispositifs électoraux.

De façon générale, *Ngram Viewer* jette une lumière crue sur l'apparente continuité de la transmission des grands concepts normatifs tels que « valeurs républicaines », « école républicaine », « laïcité », « droits de l'homme », « droits des femmes », « respect de la dignité », etc. On pourrait penser que ce sont là autant de trésors pieusement légués par la Révolution française ou la IIIe République. Il n'en est rien : la transmission de l'héritage a été maintes fois interrompue ou entretenue à petit feu. Si ces valeurs nous sont revenues, c'est souvent de l'extérieur, à la suite de traumatismes historiques, comme les « droits de l'homme » après la défaite du nazisme et de Vichy. La résurgence de certaines locutions traduit souvent des crises identitaires, comme l'atteste la fortune récente d'« école républicaine », « école de la République » ou « valeurs républicaines »[18]. Ces locutions n'ont jamais été autant utilisées

---

18. Voir la figure 26 de mon article de 2015. À noter que *Ngram Viewer* est sensible à la distinction entre minuscule et majuscule. On peut ainsi voir à quel moment les imprimeurs commencent à mettre une majuscule à des événements majeurs comme Révolution, République ou Grande Guerre. C'est en général une consécration plus tardive qu'on ne pense.

qu'à notre époque : proportionnellement vingt fois plus qu'au temps de Jules Ferry ! Nous nous faisons fort de les inculquer aux nouveaux venus que sont les *enfants* d'une part, les *migrants* de l'autre. Nous oublions que nous les avons nous-mêmes apprises ou réapprises récemment : notre impatience à les imposer aux nouveaux venus trahit davantage une ardeur de néophytes qu'une expérience de longue durée. Le retour de ces mantras est foncièrement politique, comme l'était leur érosion. Que la chose précède ou non le mot, l'important est sa place effective dans la vie sociale. Aucune de ces valeurs ne se transmet d'elle-même ; elles sont sans cesse discutées, révisées, réinventées. Et cela vaut aussi pour les concepts juridiques associés.

Comme Denis Ramond, cité dans ma lettre, je pense que la périphrase forgée en août 1789 par le duc de La Rochefoucauld-Liancourt – « la libre communication des pensées et des opinions par quelque moyen que ce soit » – n'a pas la portée d'une locution aussi ramassée que « liberté d'expression ». Cette dernière a des accents plus individualistes. Avec la liberté d'expression, le moi ne fait pas que communiquer, il s'exprime et le reste du monde n'est plus qu'une scène. Quand nos collégiennes ou nos lycéennes réclament le droit de s'habiller à leur guise, elles veulent « s'exprimer », afficher leur liberté. Ce faisant, à la différence de la libre communication des idées, la liberté d'expression tend à devenir son propre objet. « Avec ce dessin, je fais un usage absolu de ma liberté d'expression », déclare ainsi la dessinatrice Coco à l'association Dessinez-Créer-Liberté, justifiant sa caricature de « Mahomet » qui ravale la position de la prière musulmane à une posture obscène, celle-là même qu'a montrée Samuel Paty à ses élèves. Pour autant, cette liberté qui se savoure elle-même ne s'apparente pas à de l'art pour l'art, ni même à de l'art tout court, puisqu'elle s'exerce sur le dos d'autrui, en l'occurrence l'islam. La dissymétrie est totale entre la liberté absolue réclamée pour soi et la soumission absolue qui est requise du croyant : ce dernier doit littéralement s'écraser et, bien sûr, ravaler toute revendication de respect pour ses croyances. Les hommes de 1789 étaient, tout au contraire, très attentifs aux « calomnies », pour en avoir été eux-mêmes la cible. C'étaient à leurs yeux des abus condamnables, mais condamnables seulement après la publication.

Alors que la Révolution et la IIIe République centraient leur attention sur la diffusion publique des opinions, *via* des organes identifiables et responsables, la « liberté d'expression » revêt de nos jours une dimension tout à la fois plus individuelle et plus collective. Non seulement le marché des idées et des produits déborde plus que jamais les frontières, mais le développement des « réseaux sociaux » tend à effacer la démarcation entre sphère intime et sphère publique. Le temps des confidences échangées dans la cour de récréation est révolu. La cantonade est mondiale. Les algorithmes propagent les querelles qui se propagent. Désormais, qui s'exprime librement s'expose fatalement.

Proclamer les droits sans les garantir

Certes, l'article 11 de la Déclaration de 1789 contient les ingrédients majeurs de ce qu'on appelle aujourd'hui la liberté d'expression. Le problème est qu'il les réunit *sur le papier*, sans leur donner de portée concrète. En matière de droits de l'homme, la France a le génie des déclarations de principe abstraites s'adressant au genre humain, mais elle a longtemps peiné à garantir l'exercice effectif des droits. Nous nous flattions d'habiter le phare mais sans que sa lumière ait pu protéger nos propres droits.

Ce point fut l'objet d'une polémique fameuse à l'orée du XXe siècle, entre Georg Jellinek (1851-1911), le théoricien austro-allemand[19] des « libertés

---

19. Né à Leipzig et mort à Heidelberg, Jellinek a fait ses études et toute sa carrière à l'université de Vienne.

subjectives et publiques», et Émile Boutmy (1835-1906), le fondateur de l'École libre des sciences politiques, spécialiste de l'histoire comparée des Constitutions. Pour Jellinek, les déclarations françaises des droits de l'homme, comme il ressort des nombreux projets préparatoires, sont largement tributaires des *Bill of Rights* des premiers États américains, la Virginie en tête, lesquels puisent eux-mêmes, *via* l'Angleterre, dans la révolution luthérienne du libre arbitre. Boutmy, quant à lui, délaisse la question de la genèse historique pour souligner, avec quelque emphase, la vocation très différente des déclarations d'un pays à l'autre: «Il n'y a pas au monde de documents plus dissemblables.» La Déclaration des droits de l'homme et du citoyen est un morceau d'éloquence qui n'offre pas de moyens utilisables aux tribunaux. «C'est pour l'enseignement du monde que les Français écrivent», raille Boutmy, alors que les constituants américains, tout au contraire, ont cherché d'abord à nourrir la jurisprudence des tribunaux[20]. De fait, les débats d'août 1789 sur la déclaration des droits abondent en injonctions de ce genre. «Il ne s'agit pas ici de composer avec les

20. Éléments de la controverse dans Frédéric Worms, *Droits de l'homme et philosophie. Une anthologie (1789-1914)*, CNRS Éditions, Paris, 2009, p. 415-429.

circonstances, s'écrie Bernard Duport, député du Mont-Blanc ; il ne faut pas craindre ici de dire des vérités de tous les temps et de tous les pays. »

On a voulu réduire la polémique Jellinek-Boutmy à une querelle d'egos nationalistes pour le moins datée. Elle est plus profonde qu'on ne l'a dit. S'il est vrai que Boutmy est plutôt léger et péremptoire, les thèses de Jellinek sont très fouillées[21]. Jellinek avait raison sur la filiation américaine des projets français, confirmée par toutes les recherches. Il avait également raison d'insister sur les origines religieuses de la liberté de conscience et de la liberté d'expression, à ceci près que le Premier Amendement de la Constitution américaine cherche à protéger les religions des interventions de l'État, alors que les Français ont voulu protéger l'État des interventions de la religion. Mais Boutmy n'avait pas tort sur le fond : la déclaration de 1789 et celles qui ont suivi devaient éclairer le genre humain, elles n'étaient pas destinées à alimenter la jurisprudence des tribunaux français. Les constituants de 1789 pensaient qu'en affichant partout la Déclaration des droits de l'homme et du citoyen, on

21. Pour une analyse des multiples rebonds de la controverse Jellinek-Boutmy jusqu'à nos jours, voir Valentine Zuber, *L'Origine religieuse des droits de l'homme : le christianisme face aux libertés modernes (XVIIIe-XXIe siècles)*, Labor et Fides, Genève, 2017, p. 94-140.

permettrait au peuple de « comparer » son sort aux idéaux de la République : chacun disposerait ainsi d'un puissant levier pour revendiquer ses droits. Espoir déçu, faute de dispositifs concrets dans le système judiciaire.

Il faudra près d'un siècle pour que la IIIe République commence à en tirer les conséquences en promulguant la grande loi sur la liberté de la presse du 29 juillet 1881. Cette loi accomplit le vœu de Mirabeau en supprimant le régime de l'autorisation préalable, passant ainsi d'un régime préventif à un régime répressif. Elle autorise l'intervention des pouvoirs publics en cas d'« outrage aux bonnes mœurs ». Une autre restriction sera introduite en mai 1939, à la veille de la Seconde Guerre mondiale, par un décret-loi soumettant les écrits d'origine étrangère à une autorisation préalable. Ce n'est pas avant l'année 2004 que cette mesure sera abrogée, à la suite d'un arrêt de la Cour européenne délivré le 17 juillet 2001 et d'une intervention du Médiateur de la République. Mais, pour qu'un droit ne soit pas simplement proclamé mais *suivi d'effet*, il faut un dispositif particulier, une garantie de mise en œuvre. Cette garantie, c'est la Convention européenne des droits de l'homme qui l'apportera, par le biais des arrêts de la Cour de Strasbourg qui sont applicables d'office dans tous les pays membres du Conseil de l'Europe. Une histoire trop méconnue des Français, qui devrait occuper une place centrale dans les programmes du secondaire, comme on le verra.

Si l'on nous dit aujourd'hui que la Déclaration des droits de l'homme et du citoyen de 1789 ouvre la série solennelle des textes de référence qui permettent de contrôler la valeur constitutionnelle de nos lois, nous ne sommes pas surpris, cela semble une évidence. Il y a cinquante ans, pourtant, ce n'était pas le cas. Préparée par la jurisprudence du Conseil d'État, cette pleine reconnaissance remonte seulement à la décision du Conseil constitutionnel du 16 juillet 1971, renforcée par d'autres décisions en 1973 et en 1982.

La Déclaration universelle de 1948 : un symbole

En 1948, l'Assemblée générale des Nations unies réunie à Paris, au Palais de Chaillot, approuve la Déclaration universelle des droits de l'homme. Texte admirable, qui tient compte des cruelles leçons de la Seconde Guerre mondiale mais qui, là encore, se déploie dans le registre symbolique de l'énoncé des principes, sans aucun dispositif de mise en œuvre. Elle consacre la liberté de conscience dans son article 18 :

> Toute personne a droit à la liberté de pensée, de conscience et de religion ; ce droit implique la liberté de changer de religion ou de conviction ainsi que la liberté de manifester sa religion ou sa conviction seule ou en commun, tant en public qu'en privé, par l'enseignement, les pratiques, le culte et l'accomplissement des rites.

et la liberté d'expression dans son article 19 :

> Tout individu a droit à la liberté d'opinion et d'expression, ce qui implique le droit de ne pas être inquiété pour ses opinions et celui de chercher, de recevoir et de répandre, sans considérations de frontières, les informations et les idées par quelque moyen d'expression que ce soit.

Avec la Déclaration universelle de 1948, on assiste à la première apparition littérale de la « liberté d'expression » dans un texte juridique de langue française. Elle est calquée sur l'anglais *freedom of expression*, dont les États-Unis avaient commencé à faire un usage régulier dès les années 1760 (selon le corpus américain de *Ngram Viewer*), puis plus modéré au long du XIXe siècle, avant de le réactiver après la Première Guerre mondiale.

Il faut le savoir, la Déclaration universelle des droits de l'homme n'est pas contraignante juridiquement, y compris pour les États qui l'ont ratifiée. En France, par exemple, elle n'a pas l'autorité d'un traité international qui prévaudrait sur nos lois. Il s'agit seulement d'une *résolution*, publiée au *Journal officiel.* On en connaît les raisons. Les rédacteurs de la déclaration avaient un énorme défi à relever : rallier les deux blocs – capitaliste et communiste – ainsi que le tiers monde en formation. Ils n'étaient pas tous occidentaux : aux côtés d'Eleanor Roosevelt, la veuve du président américain, du Français René Cassin, gaulliste de la première heure placé à la tête du Conseil d'État, et du Canadien John Peter Humphrey, futur fondateur d'Amnesty International, figuraient le Libanais Charles Habib Malik et le Chinois Peng-chun Chang. Tous savaient qu'un projet classique de convention ou de traité multilatéral eût été voué à l'échec. Seule une *déclaration* avait des chances de passer. Et cette déclaration – souveraineté des nations oblige – ne pouvait pas être internationale mais seulement *universelle.*

Il en résulte que la portée de la Déclaration universelle des droits de l'homme est d'abord symbolique et pédagogique. C'est un phare visible du monde entier, une source lumineuse d'inspiration, mais qui ne déroute pas les nations de leur trajectoire tant qu'elles n'ont pas à bord le pilotage adéquat. Il faut un mécanisme institutionnel précis pour garantir effectivement les droits et libertés de chacun. « Dire, c'est faire », répète-t-on volontiers en invoquant la théorie du discours *performatif* énoncée par John Austin. Mais, adage pour adage, garantir les droits est « plus facile à dire qu'à faire ». En dépit d'une croyance répandue, le droit ne crée pas par lui-même ce qu'il énonce. Il n'est suivi d'effet qu'avec la mise en place de dispositifs concrets, qui nécessitent une volonté politique.

La Convention européenne des droits de l'homme : une garantie

L'année 1948 marque un tournant majeur, une véritable révolution. Les juristes et les historiens me pardonneront, j'espère, de rappeler à grands traits des faits bien connus. Ils ont leur place, me semble-t-il, dans une lettre aux professeurs, car ils devraient former l'un des piliers de l'éducation civique et morale, en lien étroit avec les cours d'histoire-géographie et les cours de philosophie. Ébranlés par l'essor des régimes racistes et les atrocités de la Seconde Guerre mondiale, les dirigeants européens ont entrepris de bâtir un système juridique qui puisse enfin garantir l'exercice des libertés publiques dans le traitement des affaires de justice. Une idée révolutionnaire surgit au congrès européen de La Haye en mai 1948 :

la « garantie collective » des droits. À partir de là, quelques années suffiront à construire un édifice de trois étages : Conseil de l'Europe en 1949, Convention européenne des droits de l'homme en 1950 (entrée en vigueur en 1953 après la ratification de dix pays) et, couronnant le tout, la Cour européenne des droits de l'homme (CEDH) siégeant à Strasbourg. Ses premiers arrêts sont rendus en 1961. Depuis lors, on en dénombre 22 500, dont un millier pour la France[22]. L'abondante jurisprudence construite au fil des décennies à Strasbourg a changé la donne.

Pour la première fois, en effet, la Convention européenne des droits de l'homme (avec ses protocoles additionnels) impose aux États parties des obligations quasi absolues à l'égard des particuliers. Les droits qui leur sont reconnus sont directement applicables, sans qu'il soit nécessaire d'attendre que l'État concerné transpose ces obligations dans son propre droit. La convention institue le principe du recours individuel : tout individu qui a épuisé les voies de recours internes des formations judiciaires de son pays peut déposer une requête contre la violation de ses droits par l'un des États parties. D'abord filtrées par une commission, les requêtes seront adressées

---

22. *Aperçu 1959-2019*, CEDH, Strasbourg, 2020, tableau 8 (accessible en ligne).

directement à la Cour de Strasbourg à partir de 1994. Autre avancée notable : les arrêts sont dûment et longuement motivés dans une langue claire (rien à voir avec les oracles sibyllins du Conseil constitutionnel en France) ; et les juges en position minoritaire peuvent exprimer leur point de vue. Au total, une somme impressionnante d'innovations[23].

Quel fut le rôle de la France dans cette entreprise ? Décisif dans l'impulsion initiale, marginal dans les vingt-cinq années qui ont suivi, ambivalent depuis. À l'origine, en effet, c'est un Français, Pierre-Henri Teitgen, qui anime les travaux préparatoires de la Commission des questions juridiques et des droits de l'homme du Conseil de l'Europe[24]. Le rapport qu'il rend en septembre 1949, « Organisation d'une garantie collective des libertés essentielles et des droits fondamentaux », dresse la liste des droits à protéger dans

---

23. Je ne fais ici qu'effleurer l'histoire de la CEDH. Elle a été étudiée en profondeur par Stéphanie HENNETTE-VAUCHEZ, notamment dans « L'Europe au service du droit des droits de l'homme. Réalité politique, entreprise savante et autonomisation d'une branche du droit », *Politix*, vol. 89, n° 1, 2010, p. 57-78.

24. Sur le parcours de Teitgen voir Olivier RENAUDIE, « Pierre-Henri Teitgen, un grand professeur de la Faculté de droit de Nancy », *Civitas Europa*, 2015/2, n° 35, p. 233-241 et, bien sûr, les mémoires de l'intéressé : *Faites entrer le témoin suivant. 1940-1958. De la Résistance à la V*e République, Ouest-France, Rennes, 1988.

une convention européenne et propose le mécanisme qui devra les garantir, à savoir la création d'une Cour européenne traitant les affaires individuelles après épuisement des voies de recours internes. On peut dire que Teitgen est à la Convention européenne des droits de l'homme ce que Cassin est à la Déclaration universelle. Juristes l'un et l'autre, résistants de la première heure, viscéralement allergiques à la raison d'État, ils ont contribué au rétablissement de l'État de droit à la Libération, Cassin comme vice-président du Conseil d'État, Teitgen comme ministre de la Justice. Tous deux siégeront comme juges à la Cour européenne, le premier de 1959 à 1976, le second de 1976 à 1980.

Et pourtant, la France attendra vingt-quatre ans pour ratifier la Convention européenne des droits de l'homme et trente ans pour admettre le droit de recours individuel ! La ratification sera effectuée le 3 mai 1974 par Alain Poher, alors président de la République par intérim. Quant au droit de recours des individus, des groupes d'individus ou des ONG, réclamé instamment par Pierre-Henri Teitgen, il ne sera reconnu par la France que le 2 octobre 1981, sous le premier septennat de François Mitterrand[25]. Les raisons

---

25 Gérard COHEN-JONATHAN, « La reconnaissance par la France du droit de recours individuel devant la Commission européenne des droits de l'homme », *Annuaire français de droit*

de cet incroyable retard ne sont pas très glorieuses[26]. La procédure fut retardée par les troubles de 1958. Par la suite, plusieurs pratiques en vigueur en France étaient incompatibles avec la convention européenne : le régime des arrestations et détentions préventives pendant la guerre d'Algérie, le règlement pénal de la discipline militaire, le monopole de l'État sur la radiodiffusion, mais aussi le refus de la France d'accorder à la Cour européenne un droit de regard sur l'application de l'article 16 de la Constitution de 1958 autorisant le président de la République à assumer les pleins pouvoirs et à suspendre certains droits en cas de crise grave[27]. En matière de droits de l'homme, la France a longtemps affiché sa suffisance. De nos jours encore, le mythe d'une République *intrinsèquement* respectueuse des droits reste vivace.

En 2007-2008, les autorités françaises, Conseil constitutionnel en tête, se sont émues de voir les

---

international, 1981, p. 271. Les membres du gouvernement impliqués dans cette initiative étaient Claude Cheysson (Relations extérieures), André Chandernagor (Affaires européennes) et Robert Badinter (Justice).

26. Évoquées sans fard dans un rapport de la Commission des Affaires étrangères du Sénat daté du 11 octobre 1995 (<www.senat.fr/rap/l95-022/l95-0223.html>).

27. L'article 16 ne fut appliqué qu'une seule fois, d'avril à septembre 1961, à la suite du putsch des généraux en Algérie française.

citoyens en appeler si aisément à la Cour européenne des droits de l'homme pour vérifier que la loi française ne malmenait pas leurs droits fondamentaux. Dans un bel élan de patriotisme juridique, on imagina de rapatrier en France cette saisine citoyenne *via* la « question prioritaire de constitutionnalité » (QPC). Introduite par la révision constitutionnelle de 2008, elle est entrée en vigueur en 2010. En préambule à tout procès qui se réfère à une loi pouvant porter atteinte à un droit ou une liberté, l'une des parties peut demander au Conseil d'État ou à la Cour de cassation de saisir le Conseil constitutionnel sur la conformité de ladite loi – même ancienne – avec les principes fondamentaux du droit. Or le contrôle de conformité consiste généralement à se référer à la Convention européenne des droits de l'homme et à la jurisprudence de la Cour de Strasbourg. D'où ce savoureux paradoxe : née d'un sursaut nationaliste, la réforme de la QPC n'a pas contribué à « franciser » la référence aux droits fondamentaux mais plutôt à européaniser davantage le droit français. Elle contribue à démocratiser toujours plus la République en la libérant de son particularisme. Les promoteurs de la réforme de la QPC voulaient inverser un processus d'européanisation des libertés déjà engagé de longue date ; ils l'ont en fait prolongé et renforcé.

En 1948, les fondateurs de l'Europe ont hésité : fallait-il énumérer une nouvelle fois les droits de l'homme et les libertés fondamentales ou se contenter de renvoyer à la Déclaration universelle qui venait d'être approuvée par l'ONU ? La première solution l'emporta pour une raison de fond : il n'était plus question de chercher un compromis avec le bloc soviétique et les pays du tiers monde, il fallait réaffirmer les valeurs communes à toutes les démocraties libérales. D'où l'affirmation très large des libertés religieuses : on consacre le droit à célébrer des cérémonies religieuses dans l'espace public (à la différence des régimes communistes), on insiste sur le droit de chacun à changer librement de religion ou à vivre sans religion (à la différence des pays musulmans). Le concept même de « religion » étant variable d'un pays à l'autre, on décide de compléter « religion » par « conviction ». Enfin, on distribue sur deux alinéas le principe de base et les restrictions :

> Art. 9 – Liberté de pensée, de conscience et de religion
> 1. Toute personne a droit à la liberté de pensée, de conscience et de religion ; ce droit implique la liberté de changer de religion ou de conviction, ainsi que la liberté de manifester sa religion ou sa conviction individuellement ou collectivement, en public ou en privé, par le culte,

l'enseignement, les pratiques et l'accomplissement des rites.
2. La liberté de manifester sa religion ou ses convictions ne peut faire l'objet d'autres restrictions que celles qui, prévues par la loi, constituent des mesures nécessaires, dans une société démocratique, à la sécurité publique, à la protection de l'ordre, de la santé ou de la morale publiques, ou à la protection des droits et libertés d'autrui.

Même structure pour l'article suivant, qui porte sur la liberté d'expression. La liste des motifs de restriction est telle qu'on pouvait se demander si la convention n'allait pas couvrir les mesures liberticides de certains États. La jurisprudence de la Cour de Strasbourg s'emploiera à *limiter ces limitations*; elle en donnera au fil des ans une interprétation très restrictive.

Art. 10 – Liberté d'expression
1. Toute personne a droit à la liberté d'expression. Ce droit comprend la liberté d'opinion et la liberté de recevoir ou de communiquer des informations ou des idées sans qu'il puisse y avoir ingérence d'autorités publiques et sans considération de frontière. Le présent article n'empêche pas les États de soumettre les entreprises de radiodiffusion, de cinéma ou de télévision à un régime d'autorisations.
2. L'exercice de ces libertés comportant des devoirs et des responsabilités peut être soumis à certaines

> formalités, conditions, restrictions ou sanctions prévues par la loi, qui constituent des mesures nécessaires, dans une société démocratique, à la sécurité nationale, à l'intégrité territoriale ou à la sûreté publique, à la défense de l'ordre et à la prévention du crime, à la protection de la santé ou de la morale, à la protection de la réputation ou des droits d'autrui, pour empêcher la divulgation d'informations confidentielles ou pour garantir l'autorité et l'impartialité du pouvoir judiciaire.

En répartissant la liberté de conscience et la liberté d'expression sur deux articles autonomes, la Convention européenne manifeste à son tour qu'aucune n'a préséance sur l'autre. On ne peut pas les hiérarchiser : les droits de l'homme sont indivisibles. Mais ce dispositif laisse ouverte la question de savoir comment articuler les deux libertés. D'où d'intenses débats. Mais l'échelle de ces débats a changé : elle est désormais européenne. Et leur issue devient concrète : la Cour de Strasbourg doit trancher sur une affaire précise ; elle doit dire *in fine* si, oui ou non, les juridictions nationales dont se plaint le requérant ont maltraité les libertés protégées par l'article 9 ou l'article 10. En amont, la Cour peut décider qu'une requête est irrecevable si le requérant a violé les valeurs fondamentales de la démocratie : il n'est pas question qu'il puisse dans ce cas se prévaloir de la protection de la convention. Nombre d'essayistes dénoncent le fait que les droits de l'homme seraient instrumentalisés par ceux qui les violent (un argument qui vise régulièrement les mouvements islamistes) ; ils semblent ignorer que la Cour européenne est sensible à ce risque et dispose de la procédure nécessaire pour s'en prémunir. Un autre point fort de la Cour est la statistique annuelle des arrêts (et des requêtes déclarées irrecevables en amont) : accessible en ligne, elle tabule les décisions selon l'article de la convention en cause, le pays concerné et le résultat (violation *versus* non-violation). Une telle statistique judiciaire n'a pas d'équivalent en France. On comprend que la jurisprudence de la Cour européenne des droits de l'homme soit devenue une spécialité séduisante pour les jeunes générations de juristes. Rédigée dans une langue subtile mais lisible et, de surcroît, dans un français impeccable, elle renferme un matériel pédagogique de grande qualité, de nature à intéresser bien des disciplines au-delà des spécialistes du droit.

L'arrêt *Handyside*, ou l'offense célébrée et condamnée

J'ai tenu à citer dans ma lettre aux professeurs l'arrêt *Handyside c/Royaume-Uni* (1976), parce qu'il est le plus cité de tous les arrêts de la Cour européenne sur la liberté d'expression, en raison de son antériorité et de la vigueur de sa rédaction[28]. Lorsque la Mosquée de Paris et plusieurs associations musulmanes dénoncèrent en 2017 la publication par *Charlie Hebdo* des caricatures danoises de Mahomet, la 17e chambre du tribunal de grande instance de Paris rejeta leur demande en s'inspirant directement de l'arrêt *Handyside*. La Cour européenne n'a cessé de le confirmer depuis : la protection de l'article 10 de la Convention européenne s'étend aux propos et images qui « heurtent, choquent ou inquiètent » l'État ou une fraction de la population, dès lors qu'ils contribuent à nourrir le débat démocratique[29]. On a pu dire ainsi que la jurisprudence de la Cour européenne avait érigé « une véritable forteresse destinée à protéger très efficacement la liberté d'expression[30] ».

28. Les arrêts sont accessibles en ligne, en version française ou anglaise. L'intitulé des affaires oppose un requérant et un État, mais on l'abrège souvent en désignant uniquement le requérant. L'abréviation « c/ » signifie « contre ».

29. Je cite le passage complet dans ma lettre du 30 octobre.

30. Gérard Gonzalez, « Les excès de la liberté d'expression et le respect des convictions religieuses selon la Cour européenne des droits de l'homme », *Revue des droits et libertés fondamentaux*, chronique n° 10, 2015 (<www.revuedlf.com>). Un article à recommander pour sa richesse et son équilibre.

Faut-il en conclure que la jurisprudence conforte non seulement ceux qui usent de la liberté d'expression mais aussi ceux qui en abusent ? Ce serait oublier deux choses. D'abord que la citation rituelle sur les propos et images qui peuvent « heurter, choquer ou inquiéter » est généralement tronquée : la liberté d'offenser autrui vaut seulement « sous réserve des dispositions de l'alinéa 2 de l'article 10 ». En clair : sous réserve des limitations légales à la liberté d'expression, parmi lesquelles figure la prise en compte des « droits d'autrui ». Ce serait, en second lieu, oublier la surprise de taille qui attend le lecteur s'il lui vient la curiosité, comme je l'ai fait dans ma lettre du 30 octobre, de lire jusqu'au bout l'arrêt *Handyside*. Le requérant, éditeur d'un manuel illustré d'éducation sexuelle pour enfants, estimait que les juridictions britanniques avaient bafoué sa liberté d'expression en ordonnant la saisie et la mise au pilon des exemplaires de l'ouvrage. Or la Cour européenne a rejeté sa requête : elle a jugé que les lois anglaises sur la protection de l'enfance étaient suffisamment précises pour justifier une saisie et que ces lois étaient en phase avec l'état des mœurs dans le pays !

Après l'assassinat de Samuel Paty, un avocat parisien spécialisé dans les affaires de presse invoqua l'arrêt *Handyside* dans une tribune remarquée du *Monde*[31]. Il ne manqua pas de mettre en avant le passage de l'arrêt qui loue les effets bénéfiques de la liberté d'expression pour la démocratie, y compris quand elle heurte certaines convictions. Il n'y a pas, conclut l'avocat, de meilleur hommage à la mémoire de Samuel Paty. Mais il se garde bien de dévoiler la fin de l'histoire : la pleine confirmation de la destruction de l'œuvre par les autorités britanniques ! Le moins qu'on puisse dire est que l'arrêt *Handyside* de la Cour de Strasbourg souffle le chaud (en célébrant le droit à la critique, même blessante) et le froid (en approuvant une dérogation nationale qui la censure sans pitié). Est-ce le meilleur hommage possible qu'on puisse rendre au professeur assassiné ? Dans l'immense majorité des cas (je dirais neuf fois sur dix), les tribunes ou articles de doctrine qui citent l'arrêt *Handyside* pour son éloge vibrant de la liberté d'expression ne disent mot de sa décision négative. En faisant cette observation, je ne dis pas que j'approuve la censure décidée par la Cour (une telle affaire serait sans doute jugée différemment aujourd'hui). J'observe simplement une singulière tendance des commentateurs à minimiser les tensions et dilemmes qui tiraillent les cerveaux dans ces affaires.

31. Christophe BIGOT, « Il n'y aurait pas pire symbole que d'affaiblir la loi de 1881 qui protège la liberté d'expression », *Le Monde*, 26 octobre 2020.

Faut-il en conclure que la Cour de Strasbourg laisse chaque pays déroger à sa guise à la liberté d'expression ? Je dois préciser ma lettre sur ce point[32]. S'il est vrai que la Cour n'entend pas se substituer aux instances judiciaires nationales, il ne faut pas croire pour autant qu'elle leur accorde une marge d'appréciation illimitée. Les restrictions qu'un pays peut apporter à la liberté d'expression étant potentiellement liberticides, la Cour les accepte sous plusieurs conditions : elles doivent s'afficher dans la loi en termes clairs et lisibles, répondre à une nécessité sociale impérieuse, ménager un équilibre entre l'intérêt particulier et l'intérêt général, être proportionnées aux objectifs visés. On peut dire que, *de facto*, la jurisprudence strasbourgeoise ne cesse d'ajouter un troisième alinéa à l'article 10 : le premier consacre la liberté d'expression, le second admet que les États puissent la limiter, le troisième limite ces limitations.

Il est toutefois des domaines, comme les droits sexuels et reproductifs ou le respect des religions, où les législations nationales, pour des raisons historiques, manquent d'un « dénominateur commun ». La Cour, dans ce cas, tend à élargir la marge

---

32. Comme me l'a fait remarquer Samantha Besson, titulaire au Collège de France de la chaire de droit international des institutions, que je remercie ici.

d'appréciation accordée à chaque pays. Le port des signes religieux en est un premier exemple : l'arrêt *Leyla Sahin c/Turquie* du 10 novembre 2005 a autorisé la Turquie à interdire le port du voile islamique à l'Université parce que « l'un des principes fondateurs de l'État turc » est le rôle de l'État comme organisateur « neutre et impartial » des cultes, censé assurer « la paix religieuse dans une société démocratique » (c'était avant la mainmise du président Erdogan sur le régime et la réislamisation du pays). Le 1er juillet 2014, dans l'affaire *S.A.S. c/France* (l'acronyme désigne la requérante), la Cour de Strasbourg a validé la loi française de 2010 sur l'interdiction du « voile intégral » dans l'espace public au motif qu'elle ne portait pas atteinte à la liberté d'afficher sa religion en public (qui peut se faire par d'autres moyens) et visait à garantir de façon proportionnée les « conditions du "vivre-ensemble" » et les nécessités d'ordre public alléguées par le législateur français. La Cour constate « l'absence de communauté de vues entre les États membres du Conseil de l'Europe sur la question du port du voile intégral dans l'espace public » et note que la loi française relève d'un « choix de société » décidé démocratiquement – une notion nouvelle dans la jurisprudence de la Cour. D'où la décision de laisser à la France dans ce domaine une « ample marge d'appréciation ».

L'arrêt *Preminger*, ou l'offense surréaliste

C'est un argument analogue que la Cour européenne avait avancé en 1994 dans son arrêt *Otto Preminger Institut c/Autriche* pour valider la décision des autorités autrichiennes d'interdire un film jugé blasphématoire pour les catholiques du Tyrol. Il s'agit en fait d'une œuvre gigogne, qui remonte à la fin du XIXe siècle. Le dramaturge munichois Oskar Panizza, formé dans l'atmosphère du *Kulturkampf* engagé par Bismarck contre l'Église catholique, avait publié en 1894 une pièce anticléricale aussitôt censurée : *Le Concile d'amour, une tragédie céleste*. La traduction française paraît en 1959 avec une préface d'André Breton, admirateur de ce chef-d'œuvre d'humour noir. En 1981, la pièce est mise en scène par une troupe italienne. Werner Schroeter en fait un film qui, dix ans après, est programmé dans un ciné-club payant d'Innsbruck par l'Institut Otto-Preminger. Une affiche avertissait le public : il s'agissait d'une vive satire de l'Église catholique, interdite aux mineurs. De fait, l'histoire est surréaliste : Dieu est un vieillard impotent qui vit avec un Jésus débile et une Vierge Marie dévergondée. Pour punir la prévarication qui règne sur terre (dans la pièce, à la cour du pape Alexandre Borgia), ils chargent Satan de répandre la syphilis au Vatican et dans les couvents.

L'Autriche, bastion historique de la Contre-Réforme, fait partie des rares pays européens qui ont encore une législation sur le blasphème. À la requête de l'évêque d'Innsbruck, le tribunal du Tyrol fait saisir la bande du film pour « dénigrement de doctrines religieuses » (*Herabwürdigung religiöser Lehren*), avant de le poursuivre pour infraction à la loi sur les médias. La Cour européenne s'informe. Au vu des données religieuses du recensement autrichien (les Tyroliens se déclarent catholiques à 87 %), elle conclut qu'« elle ne peut négliger le fait que la religion catholique romaine est celle de l'immense majorité des Tyroliens » (§ 56). Elle suggère ainsi, très curieusement, que la Convention européenne devrait protéger l'ultra-majorité des offenses d'une ultra-minorité. La Cour conclut que l'article 10 de la Convention européenne protégeant et limitant la liberté d'expression n'a pas été violé. L'argumentation de l'arrêt est pour le moins sinueuse. Trois des neuf juges (Finlande, Pologne et Suède) publièrent une opinion dissidente : ils ne voyaient pas l'intérêt de garantir la liberté d'expression si c'était pour l'aligner sur les opinions reçues.

L'arrêt *Preminger* a suscité d'emblée une vive réprobation en France et en Belgique : « un arrêt regrettable »[33], un alignement d'arguments « fragiles » et « contradictoires »[34], une interprétation « éminemment contestable » de la liberté de conscience, qui en vient à « justifier une censure au nom même des droits de l'homme »[35]. Ces critiques sont ravivées de nos jours par les nouvelles générations de juristes, qui adjurent la Cour européenne de lâcher définitivement la jurisprudence *Preminger*[36].

Secouée par ces critiques, la Cour européenne tente de se justifier deux ans plus tard dans l'arrêt *Wingrove c/Royaume-Uni* de 1996, rendu à une époque où le Royaume-Uni avait encore une législation sur le blasphème (il l'abolira en 2008). La Cour juge que le royaume n'a pas violé la Convention en condamnant une vidéo qui offense « gravement » les chrétiens à travers une mise en scène sexuelle de sainte

---

33. Patrick Wachsmann, « La religion contre la liberté d'expression : sur un arrêt regrettable de la Cour européenne des droits de l'homme », *Revue universelle des droits de l'homme*, 1994, p. 441-449.

34. François Rigaux, « La liberté d'expression et ses limites », *Revue trimestrielle des droits de l'homme*, 1995, p. 401-415.

35. Guy Haarscher, « Le blasphémateur et le raciste », *Revue trimestrielle des droits de l'homme*, 1995, p. 417-422.

36. Ainsi Céline Lageot, « Réflexions à l'occasion de "l'affaire Mila" : l'impérieuse nécessité pour la Cour européenne des droits de l'homme de mettre fin à sa jurisprudence sur le blasphème », *Revue des droits et libertés fondamentaux*, 2020, chronique n° 59 (en ligne).

Thérèse d'Avila. Elle n'ignore pas que les législations sur le blasphème tombent en désuétude à travers l'Europe mais elle estime, en cette année 1996, qu'il est encore trop tôt pour considérer que toutes les démocraties devraient s'en défaire. Elle se réserve le droit d'évoluer sur le sujet :

> Il n'y a pas encore, dans les ordres juridiques et sociaux des États membres du Conseil de l'Europe, une concordance de vues suffisante pour conclure qu'un système permettant à un État d'imposer des restrictions à la propagation d'articles réputés blasphématoires n'est pas en soi nécessaire dans une société démocratique, et s'avère par conséquent incompatible avec la Convention (25 nov. 1996, § 57).

Or l'arrêt *E. S. c/ Autriche* du 25 octobre 2018 ne montre aucun signe d'évolution. Elisabeth Sabaditsch-Wolff, une journaliste autrichienne ayant vécu sa jeunesse en Iran comme fille de diplomate, proche du parti d'extrême droite FPÖ, avait commenté le mariage du prophète de l'islam avec la petite Aïcha, âgée de neuf ans : « De quoi s'agit-il, si ce n'est de pédophilie ? » La justice autrichienne l'a condamnée à 480 euros d'amende pour « attaque abusive contre le prophète de l'islam risquant d'engendrer des préjugés et de menacer la paix religieuse ». La Cour de Strasbourg, là encore, a entériné ce jugement en estimant qu'il appartenait à chaque État d'apprécier dans quelle mesure le maintien d'une législation sur le blasphème pouvait contribuer à la « paix religieuse ». La France n'est donc nullement menacée par une telle jurisprudence.

Il n'empêche. On est en droit d'attendre que les législations sur le blasphème disparaissent définitivement du paysage européen, y compris en Autriche. L'arrêt *E. S. c/ Autriche* a été vivement pris à partie. Décidément, s'indigne Roseline Letteron, professeure de droit public à l'université Paris-Sorbonne, « la Cour européenne n'est pas *Charlie*[37]. » Une tribune de *Valeurs actuelles*, par ailleurs bien documentée, a demandé à la Cour de rejuger l'affaire en formation plénière au nom de la liberté de critiquer la religion, car « il y va de l'avenir de notre civilisation[38] ». Et l'on pourrait citer bien d'autres réactions analogues. Critiques critiquées à leur tour par Mustapha

---

37. Roseline Letteron, « La Cour européenne n'est pas *Charlie* », *Liberté, libertés chéries* [blog], 12 novembre 2018.

38. « Pour la défense de la liberté d'expression en matière religieuse », *Valeurs actuelles*, 15 mars 2019, tribune signée, entre autres, de Waleed Al-Husseini, Rémi Brague, Chantal Delsol, Zineb El-Rhazoui, Claude Habib, Philippe d'Iribarne, Boualem Sansal, Pierre-André Taguieff, Michèle Tribalat.

Afroukh, maître de conférences en droit public à l'université de Montpellier, qui rappelle que la Cour n'a jamais eu à se prononcer sur les caricatures de *Charlie* et qui allègue qu'elle fait une différence entre les offenses contribuant à un débat d'intérêt général et celles qui ne le font pas[39]. Il semble difficile, toutefois, de soustraire à une libre discussion d'intérêt général le rapport du prophète avec la pédophilie[40].

Quitte à surprendre certains lecteurs, je partage les critiques des spécialistes : les arrêts *Preminger*, *Wingrove* et *E. S.* sont tous regrettables. Dans l'affaire *Preminger*, les paroissiens et les cinéphiles fréquentent séparément leurs lieux préférés. Pourquoi s'offusqueraient-ils mutuellement de leurs activités ? Une critique tout aussi pertinente met en cause l'usage excessif du principe de subsidiarité : la Cour européenne juge qu'en matière de satire des religions,

39. Mustapha Akrouh, « Non, la Cour européenne des droits de l'homme n'a pas reconnu l'existence d'un délit de blasphème ! », *Revue des droits et libertés fondamentaux*, chronique n° 23, 2018 (<www.revuedlf.com>).

40. Les « mariages obliques » entre générations successives s'observent dans les systèmes de parenté de nombreuses sociétés traditionnelles de par le monde, notamment les sociétés du désert, sans qu'on sache toujours si ce sont des promesses de mariage ou des unions consommées. Voir François Héran, *Figures de la parenté*, Presses universitaires de France, Paris, 2009, chapitres 3 et 11.

les juridictions nationales sont « mieux placées » qu'elle pour concilier la liberté d'expression, le respect des convictions intimes et le maintien de l'ordre public. Mais l'autorité qu'elle accorde ainsi aux États (Autriche, *Land* du Tyrol, Royaume-Uni...) est excessive. La religion a pour objet le comportement de chacun envers le reste de l'humanité ; c'est une affaire à la fois intime et universelle, locale et cosmopolite, c'est très peu une affaire d'État. Je considère, pour ma part, que les arrêts pro-Autriche de la Cour européenne desservent la cause des citoyens qui, loin de vouloir imposer à autrui leurs convictions intimes, désirent simplement que les religions ne soient pas *gratuitement* outragées ou avilies. On trouve, parmi les multiples arguments agités dans ces arrêts, un énoncé raisonnable, auquel peut souscrire tout croyant :

> Ceux qui choisissent d'exercer la liberté de manifester leur religion, qu'ils appartiennent à une majorité ou à une minorité religieuse, ne peuvent raisonnablement s'attendre à le faire à l'abri de toute critique. Ils doivent tolérer et accepter le rejet par autrui de leurs croyances religieuses et même la propagation par autrui de doctrines hostiles à leur foi (arrêt *Preminger*, § 87).

Cela exige évidemment que le croyant se dégage de tout fanatisme et apure sa foi en la recentrant sur l'essentiel du message – une tâche nécessaire que toute religion doit accomplir, y compris l'islam. La Cour tempère ensuite son propos en invoquant la liberté de conscience protégée par l'article 9 de la Convention : l'État peut se sentir responsable de garantir sa « paisible jouissance ». Mais, de nos jours, quel croyant peut se croire à l'abri des lazzi des non-croyants ? Les propos et les images circulent sans frontières, *urbi et orbi*. Ce constat ne s'impose pas seulement aux croyants mais aussi aux non-croyants qui s'adonnent à la satire sans entraves. Avec la globalisation des vecteurs de communication, l'argument ressassé de la libre consommation de caricatures ou de satires devient caduc. Selon cet argument, seuls seraient offensés ceux qui veulent bien l'être. Ainsi Marcel Gauchet parlant des caricatures dans le numéro de décembre 2020 de *Philosophie Magazine* : « Libre à ceux qui les commettent de les publier, comme libre à ceux qui s'y reconnaissent de les acheter. » Même raisonnement dans le jugement du 22 mars 2007 du tribunal de Paris : « Attendu que *Charlie Hebdo* est un journal satirique, contenant de nombreuses caricatures, que nul n'est obligé d'acheter ou de lire, à la différence d'autres supports tels que des affiches exposées sur la voie publique. » Ou encore, tout récemment, dans un éditorial de Gérard Biard, rédacteur en chef de l'hebdomadaire : « Aux dernières nouvelles, [*Charlie*] est toujours introuvable dans les kiosques turcs, bangladais, pakistanais ou afghans » (25 novembre 2020) ; seule une manipulation des autorités locales peut donc exposer ces populations lointaines à des caricatures qui ne leur sont pas destinées. Si offense il y a, conclut le journaliste en substance, elle ne vient pas des offenseurs mais des offensés. Philippe Val, dans l'éditorial jouxtant le dessin danois de « Mahomet avec une bombe dans le turban » (mais aussi, détail non négligeable, avec la profession de foi de l'islam inscrite sur ladite bombe), soutient que ce dessin est « suffisamment faible pour être interprété n'importe comment par n'importe qui » et que « le crime est dans l'œil de celui qui regarde le dessin ». On a vu que Jean-Michel Blanquer, dans son interview au *Journal du dimanche*, usait du même procédé pour minimiser l'impact des caricatures.

L'argument est spécieux. Il est paradoxal de défendre la liberté d'expression en alléguant son faible écho, comme s'il s'agissait d'une liberté à usage interne, réservée aux connaisseurs, selon la théorie du « pacte humoristique » énoncée par Pierre Desproges : « on peut rire de tout, mais pas avec n'importe qui ». Cela revient à absoudre la liberté d'expression par son faible pouvoir de nuisance, alors que Charb, le directeur de la rédaction de *Charlie*, défendait, tout au contraire, le principe d'une caricature sans retenue, dotée d'un impact maximal. Mais, surtout, l'argument a beaucoup vieilli. L'essor mondial des nouveaux médias a changé la donne. Les textes et images publiés sur la place de Paris sortent du cercle des abonnés et des acheteurs pour faire le tour de la planète. Qu'on se souvienne, dans un tout autre registre, de l'affaire Pénélope Fillon : il n'était pas nécessaire d'acheter *Le Canard enchaîné* pour en suivre les développements, tant les révélations distillées semaine après semaine étaient relayées par toutes sortes de supports.

Que conclure au terme de ce rapide examen de la jurisprudence européenne ? Parti avec des idées simples vers l'Europe compliquée, on peut maintenant en tirer quelques conclusions. La liberté d'expression n'est pas absolue, la critique des religions a des limites. Mais ces limites ne peuvent tenir ni à l'éloignement physique, ni au libre choix du consommateur, ni à la pression de l'État soucieux d'assurer la paix religieuse. La seule limite acceptable consiste à ne pas *offenser gravement et gratuitement* les croyances et les croyants, ce qui implique d'apprécier le dommage avec discernement. Aucune des affaires autrichiennes jugées par la Cour ne correspond à ce cas de figure.

On ne peut refermer ce chapitre européen sans évoquer les attaques récurrentes essuyées par la Convention européenne des droits de l'homme et la Cour de l'Europe. Le catalogue en a été dressé par Yannick Lécuyer et Laurence Burgorgue-Larsen[41]. Ces attaques sont souvent à front renversé par rapport aux critiques des juristes. Alors que ces derniers déplorent la marge de manœuvre excessive accordée par la Cour à certains pays, les droites nationalistes européennes et les formations souverainistes accusent le système européen d'avoir porté atteinte à la souveraineté nationale. En réalité, la Cour est très respectueuse des États et ne cesse de rappeler qu'elle n'entend pas se substituer aux juridictions nationales. Il n'empêche qu'au fil des décennies, elle a bâti un édifice imposant qui peut donner le sentiment qu'un « gouvernement des juges » s'est affirmé, en abusant d'un large pouvoir d'interprétation. En

41. Yannick Lécuyer, « Les critiques ataviques à l'encontre de la Cour européenne des droits de l'homme », *Revue des libertés et droits fondamentaux*, 2019, chronique n° 53 (en ligne) ; Laurence Burgorgue-Larsen, « La CEDH ne mérite pas d'être le bouc-émissaire du réductionnisme de la pensée », *Ibid*, 2020, chronique n° 73.

France, la Convention européenne des droits de l'homme est l'objet de vives attaques sur la question du respect de la vie de famille consacré par l'article 8, invoqué pour légitimer le regroupement familial auprès de l'étranger doté d'un titre de séjour. Depuis la campagne des primaires de la droite et du centre en 2016-2017, le programme des candidats LR (Les Républicains) a rejoint celui du Rassemblement national pour demander le retrait de la France de la Convention européenne des droits de l'homme. La France renégocierait ensuite son retour moyennant l'abandon de toutes les clauses qui lui déplaisent. Sur le sujet qui nous concerne ici, la tentation apparaît de « faire son marché » dans le catalogue des droits et libertés : chaque pays pourrait à sa guise « acheter » la liberté d'expression et sacrifier le respect de la vie de famille. Cette critique du « droit-de-l'hommisme » oublie un principe majeur : les droits sont *indivisibles*, c'est-à-dire interdépendants. Les milliers d'arrêts rendus au fil des décennies ont renforcé ces liens. Les droits de l'homme ne sont pas un Mikado dont on pourrait extraire habilement quelques éléments, c'est un édifice cohérent. Ce ne sont pas seulement les « tours jumelles » de la liberté de conscience et de la liberté d'expression qui sont fragiles, c'est la Convention européenne des droits de l'homme et la Cour de Strasbourg. Les défendre est un impératif si nous voulons consolider la démocratie en Europe. « Il ne faut être ni optimiste ni pessimiste en matière de droits de l'homme, car ce sont des droits de vigilance[42] ». D'où l'importance d'une initiation précoce au système européen, qui passe par l'EMC, l'histoire et la philosophie.

---

42. Françoise Tulkens, ancienne vice-présidente de la Cour européenne, dans son entretien avec Nicolas Hervieu, *La Revue des droits de l'homme* [en ligne], n° 3, 2013.

Croit-on les croyances détachables des croyants ?

La liberté d'expression, nous dit-on, offre à chacun le droit de vilipender les croyances à outrance, pourvu qu'on ne touche pas à la « personne » des croyants. Cela suppose des croyances détachables des croyants et réciproquement. Religieuses ou non, les croyances ne constitueraient pas une composante intime de la personnalité. Est-ce si sûr ?

L'impossible scission

L'idée qu'on puisse vilipender les croyances sans heurter les croyants est devenue plus qu'un lieu commun : une vérité d'évangile. « Anti-islam, pas anti-musulmans », se défend la dessinatrice Corinne Rey dans le dossier de l'association DCL consacré à son dessin et à la vidéo dont elle s'inspire. Même distinguo

Marcel Gauchet, lors de notre débat commun dans *Philosophie Magazine*, en décembre 2020. « Quand Michel Houellebecq déclare qu'à ses yeux l'islam est "la religion la plus con", il s'en prend à la religion musulmane en tant que telle et non aux fidèles musulmans », explique-t-il. Mila, l'adolescente menacée de mort à partir du 18 janvier 2020 pour avoir exprimé dans une vidéo son aversion totale pour les religions, dont l'islam, et pour l'avoir fait dans les termes les plus crus, s'est justifiée le 3 février sur TMC en expliquant que sa cible était l'islam et non pas les « êtres humains »[1]. J'ignore si elle bénéficiait déjà des conseils avisés de Me Richard Malka, qui est aussi l'avocat de *Charlie Hebdo*. Nathalie Droin, maître de conférences de droit public à l'université de Bourgogne, développe le raisonnement :

> On peut donc critiquer et même tourner en dérision la religion mais on ne peut pas offenser et

1. Le propos exact de Mila était : « Votre religion, c'est de la merde, votre Dieu, je lui mets un doigt dans le trou du cul. » Mila postera en novembre 2020 une autre vidéo, toujours sur le registre de l'enculade verbale. Selon Richard Malka, elle aurait reçu 30 000 menaces de mort en six mois (de janvier à juillet 2020). Elle vit désormais sous protection policière. Pour un récit détaillé de l'affaire, voir Yann Bouchez, « L'affaire Mila, ou l'engrenage de la haine en ligne », *Le Monde*, 27 novembre 2020.

> attaquer directement les croyants. Mila pouvait donc dire « l'islam c'est de la merde » comme Houellebecq a pu dire avant elle « la religion la plus con c'est quand même l'islam ». En revanche, elle n'aurait pas pu dire « les musulmans c'est de la merde » au risque de voir établi, si ce n'est le délit de provocation, au moins le délit d'injure envers un groupe de personnes à raison de leur appartenance religieuse[2].

Aux termes de cette fine exégèse, il n'y aurait donc aucun rapport entre « merde à l'islam » et « merde aux musulmans ». Selon la formule employée, le droit vous aiguillera dans deux directions différentes : « merde à l'islam » relève du droit à « critiquer » les religions, protégé par le premier alinéa de l'article 10 de la Convention européenne des droits de l'homme, tandis que « merde aux musulmans » vous renvoie à la loi sur la presse de 1881 modifiée par la loi Pleven de 1972, qui punit les délits de provocation à la haine, à la discrimination ou à la violence envers les personnes à raison de leur origine, de leur « race », de leur religion, etc. Avant d'évoquer les difficultés que rencontre la justice à pratiquer cette

2. Nathalie DROIN, « Affaire Mila : liberté de conscience *vs* blasphème », *Le Club des juristes* (blog), 3 février 2020. Cité [avec la graphie Drouin au lieu de Droin] par Céline LAGEOT, *loc. cit.*

bifurcation, on me permettra de revenir sur le fond. Peut-on séparer aussi promptement les croyances de leurs croyants ?

La distinction est fallacieuse, pour plusieurs raisons.

La première ne concerne pas les croyances mais l'étrange procédé utilisé pour les vilipender. Restons sur cette figure de l'enculade, qu'elle soit graphique (comme chez Coco) ou verbale (comme chez Mila), qu'on nous présente généreusement, tout jugement de goût mis à part, comme la pointe ultime de la critique des convictions et non pas des personnes. Le problème est que l'enculade arrive à ses fins en incarnant la croyance dans une *personne*, appréhendée dans son existence purement corporelle et soumise à un traitement avilissant, car il va de soi que la soumission n'est pas consentante : elle réduit la personne à une *chose*. Débat d'idées, dites-vous ? Comme réfutation des convictions, on fait mieux. On se situe là en réalité dans le registre du doigt d'honneur ou du bras d'honneur, certes fort répandu chez les conducteurs irascibles mais qui n'est pas la forme suprême du débat : c'en est même le degré zéro. Inutile de se livrer à une interprétation littérale ou sexuelle de ces formes d'expression. Ce sont d'abord et surtout des marques du plus profond mépris, qui traduisent la volonté d'humilier et d'avilir. Est-ce un hasard si le registre de l'enculade est également mobilisé par les messages de haine que reçoit régulièrement *Charlie Hebdo* sous forme de *tweets* et dont il livre de temps en temps un florilège[3] ? Cette symétrie de procédés devrait faire réfléchir. Il n'est pas nécessaire d'être grand clerc pour produire une ontologie de l'enculade. *Sous couleur d'attaquer une croyance et non pas une personne, on s'empresse de réduire la croyance à une personne et cette dernière à un corps ou, plutôt, à une chose que l'on tient à sa merci, exposée aux outrages.* Foin du « débat » sur les croyances. La savante distinction entre l'agression *ad ideam* et l'agression *ad personam* se volatilise. Alors que la morale commune interdit de traiter une personne comme une chose, l'enculade verbale ou graphique fait de la doctrine une personne pour la traiter ensuite comme une chose. Comment ose-t-on parer ce double rabaissement du beau nom de « critique » ? Dans l'expression « critique de la religion », formule dont on use et abuse dans les débats sur la liberté d'expression, je ne sais plus ce qu'on entend par « critique ». Ce n'est rien d'autre qu'un terme lénifiant, un mot-valise, qui couvre en toute hypocrisie un spectre indéfini de pratiques, allant de l'examen critique des livres saints (telle que la pratiquaient Baruch Spinoza ou Richard Simon à l'aube de l'âge classique)

3. Par exemple : « Les twittos sont sympas », *Charlie Hebdo*, 17 juillet 2013.

jusqu'aux agressions verbales ou graphiques les plus avilissantes. Je suis franchement perplexe quand je vois des signataires de tribunes se satisfaire d'une telle confusion sémantique tout en louant, par ailleurs, le haut niveau de civilité de notre société.

D'autres raisons militent pour récuser la scission entre croyances et croyants. En règle générale, un croyant croit en ses croyances et, réciproquement, il n'y a pas de croyances sans croyants. La foi, que je sache, est une adhésion des personnes à un corps de convictions. Faute de défenseurs, les convictions s'éteignent – signe qu'un lien les unit. L'étude des religions, que j'ai pratiquée un certain temps, me confirme que ce lien s'inscrit dans le temps et dans l'espace, à travers l'organisation collective des croyances, la liturgie et les lieux de culte, la lecture des textes et la pratique des rites, la gymnastique collective des formules et des gestes[4]. Certes, le degré d'investissement du fidèle ou de l'officiant varie selon les personnes, il passe par des phases de « démotivation » (au sens saussurien du terme) et

4. François HÉRAN, « Le rite et la croyance », *Revue française de sociologie*, vol. 27, n° 2, 1986 ; « L'institution démotivée : de Fustel de Coulanges à Durkheim et au-delà », *Revue française de sociologie*, vol. 28, n° 1, 1987, p. 67-97 ; « Rite et méconnaissance : notes sur la théorie religieuse de l'action chez Pareto et Weber », *Archives de sciences sociales des religions*, vol. 85, n° 1, 1994, p. 137-152.

de « réactivation », d'adhésion coutumière et de *revival*. On observe aussi un flux croissant de départs et d'entrées, une véritable mobilité religieuse. Mais les institutions (pas seulement religieuses, du reste) savent relâcher la pression quand c'est nécessaire, alternant les temps morts et les temps forts, pratiquant l'art du crescendo suivi de la détente : c'est le principe du calendrier liturgique, dont il faut rappeler qu'il continue de sous-tendre la structure du calendrier profane.

On doit à Guy Haarscher, professeur de philosophie politique à l'Université libre de Bruxelles, l'argumentaire le plus explicite en faveur de la thèse d'une dissociation entre croyances et croyants. Aujourd'hui émérite, Haarscher a ferraillé contre les arrêts de la Cour de Strasbourg qui font la part trop belle, selon lui, à la liberté de conscience au détriment de la liberté d'expression. Ses articles sont toujours cités par les juristes actuels, qui apprécient sa verve. Raison de plus pour en faire l'exégèse.

L'argumentation de Guy Haarscher est typique d'une vision rationaliste du religieux[5]. Elle part d'un postulat : « Il ne faut jamais oublier qu'une religion est un *corps d'idées*. Il en est de même des opinions politiques. » Et voilà, en une phrase, la croyance

5. Guy Haarscher, *loc. cit.*

religieuse réduite à une opinion. Haarscher déroule son syllogisme : les idées sont « au moins par principe, "détachables" de l'individu pensant ». Or le croyant qui évolue dans une société pluraliste s'expose fatalement à la critique et à la contradiction. Il peut donc se laisser convaincre et changer d'opinion – « ce qui n'est humiliant que pour les sots », commente charitablement notre philosophe. En découvrant l'« inanité » de ses convictions, le croyant affranchi ressentira peut-être une « blessure narcissique », il se sentira « insulté, rabaissé, "diffamé" ». Mais ce n'est là qu'une illusion : la raison triomphante n'est jamais insultante puisqu'elle vous libère de vos « idées chéries », de vos « préjugés confortables et sécurisants ».

Le raisonnement de Guy Haarscher est d'une simplicité biblique : pour concevoir une croyance détachable des croyants, il faut au préalable *convertir* la religion aux lumières de la raison, la réduire à une *opinion*. Il faut, en clair, arraisonner la religion. L'allusion à la sotte obstination des croyants endurcis, imperméables à la raison, est révélatrice : le professeur bruxellois (mais aussi ceux qui lui emboîtent le pas) dissimule à peine sa propre conviction : la religion livrée à elle-même se situe hors de la raison ; qui dit religion dit obscurantisme.

Il ne lui vient pas à l'esprit qu'un cerveau normalement constitué pourrait être profondément sensible au message d'une religion (ou de plusieurs religions), partager les rituels et les actions de solidarité prônées dans ce message et orienter en conséquence son attitude envers autrui, *tout en acceptant le démontage critique des récits fondateurs* par la philologie, l'histoire, l'archéologie, etc. ou en intégrant les révélations sur les crimes commis jadis au nom de sa religion. Opération de détachement, oui, mais qui transforme la croyance au lieu de la dissiper. Je n'ai pas besoin de croire en l'historicité des récits relatifs à Moïse, au Christ ou à Mahomet pour me sentir authentiquement juif, chrétien ou musulman. Je n'ai pas besoin non plus de souscrire à la totalité des interdits et des dogmes. Il semble même que cette vision sélective et créatrice de l'héritage religieux soit désormais majoritaire chez les croyants[6]. Voilà des siècles qu'ils se sont « détachés » de certaines des composantes de la religion, articles de foi ou rituels, encycliques ou commentaires autorisés. De la même façon, rien n'empêche (on peut l'espérer, du moins) un authentique républicain d'affronter avec lucidité les révélations historiques sur les crimes de la

6. Toute l'œuvre de Danièle Hervieu-Léger va dans ce sens à propos du christianisme. Pierre Birnbaum, quant à lui, opère sur un autre registre, qui consiste à démontrer, sur la foi des archives, que les juifs de France les plus « assimilés » pouvaient, sans contradiction aucune, s'attacher au double service de la République et de leur communauté religieuse.

République coloniale et d'en tirer de fortes leçons, non pas pour abjurer ses convictions mais pour recentrer l'idée républicaine sur ses valeurs de base.

Pour prendre un exemple que je connais de près, je suis persuadé qu'un croyant juif ou chrétien peut conserver sa foi tout en étant un fervent auditeur des cours de Thomas Römer au Collège de France, qui reconstituent l'histoire des textes bibliques et retracent l'étonnante genèse du monothéisme dans les royaumes d'Israël et de Juda[7]. Les travaux de Römer sont menés dans une perspective a-religieuse et critique (au sens scientifique du terme), à la fois savante et décapante, mais toujours respectueuse. Chaque auditeur est libre d'en tirer les conclusions qu'il veut. Les adeptes d'une lecture fondamentaliste de la Bible hébraïque peuvent évidemment s'en émouvoir et iront voir ailleurs, mais une partie des croyants pourra en conclure que la raison décape la foi sans la détruire, que la critique aiguise le sentiment religieux au lieu de l'émousser. Quant aux athées et aux libres penseurs, ils en tireront peut-être l'idée qu'on peut admirer les récits bibliques sans y adhérer : les exilés de Babylone, après la destruction du Premier Temple, étaient de

7. On peut détacher, dans une abondante production, son maître-livre : *L'Invention de Dieu*, Seuil, Paris, 2014, et un livre d'entretiens : *La Bible, quelles histoires !*, Bayard, Paris, 2014.

fabuleux *storytellers*. Sans eux, le peuple d'Israël aurait disparu dans les oubliettes de l'histoire avec tant d'autres peuples du Proche-Orient : les Moabites, les Ammonites, les Amalécites, etc. Sa survie par l'écriture après la destruction du Temple est un exploit qui force l'admiration, que l'on soit croyant ou pas.

Dans l'optique binaire du professeur Haarscher, ce mixte de foi et de raison est proprement inconcevable. Il est persuadé qu'à l'épreuve de la critique rationnelle, le croyant n'aura d'autre alternative que de s'enferrer dans sa croyance ou de s'en détacher. Mais le monde, une fois de plus, est trop compliqué pour tomber dans ce genre de dilemme. Il se pourrait bien que le croyant, à l'épreuve de la critique, s'attache davantage à ses croyances, en pratiquant le libre examen des textes fondateurs et en remontant aux principes éthiques de base.

À travers quelques allusions à l'affaire Rushdie ou à l'arrêt *Preminger* de la Cour de Strasbourg, Guy Haarscher suggère que sa théorie vaut autant pour l'islam que pour le christianisme. Mais qu'en est-il du judaïsme ? Il le soustrait au schéma général. Il n'envisage pas qu'au sein du judaïsme on puisse dissocier des croyants de leurs croyances. Le judaïsme n'est pas une somme d'opinions, pense-t-il, ce n'est pas une croyance exposée au débat d'idées et susceptible d'être réfutée. Ce n'est pas un corpus d'idées mais un fantasme d'appartenance raciale construit par les antisémites. Attaquer le judaïsme, ce n'est pas participer au débat d'idées, ce n'est pas faire preuve d'esprit critique, c'est remplacer les vertus du débat par le racisme. Or, la Cour européenne l'a toujours rappelé, la Convention européenne des droits de l'homme, construite dès l'origine sur des principes de non-discrimination, ne saurait protéger la liberté d'expression d'un discours raciste. Si l'on suit le raisonnement de Haarscher, tout parallèle entre islam et judaïsme semble donc écarté d'emblée. Il est implicitement demandé aux croyants musulmans de se dissocier de leurs croyances à l'épreuve de la raison, alors que les croyants juifs n'y sont pas tenus.

Inutile de poursuivre. Le fait religieux est l'objet d'une immense littérature, qui relève moins des sciences juridiques que des sciences humaines et sociales[8]. Ce que je viens de rappeler à grands traits vaut largement pour d'autres formes de convictions : les scientifiques, les militants, les gens de métier ou les artistes sont très attachés à leurs idées, leurs aspirations, leurs raisons de vivre. Je me suis même laissé dire que les juristes ne démordaient pas aisément de

8. Pour en prendre la mesure, on peut consulter Régine Azria et Danièle Hervieu-Léger (dir.), *Dictionnaire des faits religieux*, PUF, Paris, 2010.

leurs doctrines. Mais la religion, à l'évidence, est plus profondément ancrée dans les personnes. On a vu de quelle manière elle pouvait se relever après des décennies de propagande athée. « Nul ne doit être inquiété pour ses opinions, même religieuses... », dit la Déclaration de 1789. Ce « même » semble reconnaître la singularité du phénomène. Aujourd'hui encore, le désenchantement du monde ne suit pas la pente linéaire qu'on pouvait espérer. Les religions doivent s'excuser de survivre : l'annonce de leur mort est très exagérée.

Pour quelle raison les légistes sont-ils tentés d'élever une muraille entre les croyances et les croyants, au mépris de la réalité de l'expérience religieuse ? Parce que c'est une solution commode pour résoudre à bon compte les inévitables tensions entre liberté de conscience et liberté d'expression. Dans la configuration qui tend à dominer aujourd'hui les esprits en France, la liberté d'expression a devant elle un boulevard (au sens moderne du terme) : rien ne l'arrête, elle est protégée d'office, ou presque, et les attentats djihadistes n'ont fait qu'accélérer le mouvement. La liberté de conscience, de son côté, a droit au bas-côté : elle n'est protégée qu'*a minima*. Les fidèles devraient déjà se satisfaire que les églises, les temples et les mosquées ne leur soient pas fermés. Qu'ils ne s'avisent pas, comme je l'ai fait naïvement dans ma lettre aux professeurs, d'invoquer l'article 1er de la Constitution : « La République respecte toutes les croyances. » Cette formule signifie tout au plus qu'en France, on a le droit d'être catholique, protestant, juif, musulman ou libre-penseur et de pratiquer en conséquence. « Respecter », si l'on comprend bien, ne doit pas être pris au sens commun du terme, mais dans le sens purement passif d'une non-intervention. Gwénaële Calvès livre sur ce point son exégèse[9] :

> Introduite à la veille du référendum de 1958 pour rassurer l'électorat catholique, cette disposition, totalement marginale dans la construction laïque et dénuée de tout rapport avec la liberté d'expression, invite l'État à ne pas s'immiscer dans les questions religieuses. Elle ne signifie en aucun cas que « toutes les religions méritent le respect ». Elle impose simplement à l'État et à ses agents de s'abstenir de tout jugement sur la valeur de telle ou telle croyance, dès lors que son expression ne contrevient pas à l'ordre public.

Pour Gwénaële Calvès, « la République respecte toutes les croyances » est une phrase de circonstance sans rapport avec la liberté d'expression. Soit. Mais elle a peut-être tout de même à voir avec

9. Gwénaële Calvès, *loc. cit.*

la liberté de conscience, qui, elle-même... Dois-je m'arrêter là ? Le béotien que je suis se permettra-t-il de titiller une spécialiste renommée ? La lecture de Gwénaële Calvès est impeccable si l'on pose que les textes doivent s'interpréter en reconstituant l'intention initiale du constituant de 1958 (méthode dite « exégétique »). Mais j'ai eu vent de l'existence dans le droit d'autres méthodes d'interprétation : « évolutive » (si l'on veut répondre aux besoins de l'époque actuelle) ou « de libre recherche » (recommandée dès la fin du XIXe siècle par François Gény). Le sens dirait Ricœur, n'est pas derrière le texte mais devant lui[10]. Selon l'exégèse à l'ancienne, le respect des croyances par la République est minimaliste : elle prend acte de la présence des croyants. Sa non-intervention a pour conséquence de leur garantir le droit d'essuyer sans broncher les pires « critiques » (on a vu tout ce que ce mot pouvait recouvrir) adressées à leurs croyances, à leurs rites, à leurs figures de référence. Mais faut-il fermer la porte à d'autres interprétations ?

Le postulat selon lequel la critique des croyances ne saurait affecter les croyants a été poussé à l'extrême par le philosophe Henri Peña-Ruiz dans de multiples

10. Paul Ricœur, *Du texte à l'action. Essais d'herméneutique II*, Seuil, Paris, 1986, p. 117, cité par Françoise Tulkens, *loc cit.*

interventions[11]. S'il est « raciste » (*sic*) de rejeter une personne à raison de sa religion, la « phobie » des religions, elle, serait parfaitement licite, qu'il s'agisse de l'islamophobie, de l'« athéophobie » (*re-sic*) ou de la « catholicophobie » (*re-re-sic*). Malheureusement, il faut plus que la création de néologismes visiblement *ad hoc* pour convaincre le lecteur qu'on a affaire à un authentique parallèle. L'auteur reconnaît lui-même que la série n'est pas extensible à la judéophobie, signe que le raisonnement est bancal (on a vu Guy Haarscher buter contre la même aporie). Les fausses fenêtres de cette façade prétendument uniforme mais partielle dissimulent mal le fait qu'on pourrait, selon Peña-Ruiz, s'adonner à l'islamophobie sans blesser les musulmans alors que *personne n'oserait revendiquer une judéophobie qui n'aurait rien contre les juifs*. Henri Peña-Ruiz soutient que sa théorie est en phase avec la jurisprudence. Mais le vocabulaire a son importance. S'il est vrai que la jurisprudence trace une ligne de démarcation entre la critique des croyances et les attaques contre les croyants, jamais elle n'encourage

11. Par exemple dans *Le Figaro* du 29 août 2019 (entretien avec Paul Sugy) : « On a le droit d'être athéophobe comme on a le droit d'être islamophobe ou catholicophobe. En revanche, on n'a pas le droit de rejeter des hommes ou des femmes parce qu'ils sont musulmans ou catholiques ou athées. »

une « phobie » permanente et systématique à l'encontre d'une religion[12].

La thèse d'une parfaite disjonction entre croyances et croyants a suscité une vive réaction de Paul Valadier, l'ancien directeur de la revue *Études*, portée par les jésuites de France, une des plus anciennes revues de débat en France, réputée pour sa largeur d'esprit :

> L'hypocrisie peut servir à justifier l'injustifiable : on dira que la caricature s'en prend aux religions (ce qui est légitime) mais qu'elle ne touche pas les personnes croyantes. Telle est la thèse de Henri Peña-Ruiz [...]. Mais la personne peut-elle se découper en morceaux imperméables, comme si un mystérieux blindage pouvait la rendre aveugle aux attaques et la laisser indifférente, voire approbatrice, des caricatures qui travestissent ce qu'elle tient pour essentiel ? S'en prendre par le ridicule et la dérision aux religions, c'est, qu'on le sache ou non, s'en prendre aux croyants eux-mêmes[13].

L'analyse de Paul Valadier mériterait un tant soit peu d'être prise au sérieux par les autorités. Elle reflète

12. Gérard Gonzalez, *loc. cit.*

13. Paul Valadier, « Laïcité : solution ou problème ? », *Études*, n° 4 278, janvier 2021, p. 76.

le point de vue d'une mouvance catholique très attachée au débat d'idées, et au débat de qualité, soucieuse de garder une hauteur de vues suffisante pour s'intéresser aussi aux autres croyances et aux productions culturelles non religieuses. Une telle attitude n'est pas propre à l'Église. Elle rejoint les réflexions de certains caricaturistes, comme celle de Pétillon, citée plus haut, qui souligne avec vigueur qu'avilir le fondateur d'une religion, c'est nécessairement s'en prendre aux croyants et que les artistes aussi ont une responsabilité. Elle ne contredit pas le sentiment exprimé par un critique des mœurs et des idéologies aussi intransigeant qu'Alain Finkielkraut, qui juge qu'on ne fait pas avancer le débat en « enlaidissant les visages et les corps ». Les trois noms que je viens de citer (et je pourrais en ajouter bien d'autres, comme celui de Régis Debray[14]), ne forment pas un ensemble homogène, c'est le moins qu'on puisse dire : nous vivons dans une société plurielle. Mais le fait que des sensibilités aussi différentes ressentent négativement la dérive actuelle d'une célébration unilatérale de la liberté d'expression au mépris de la liberté de conscience ou du respect d'autrui devrait nous faire réfléchir : cette dérive laisse de côté de vastes secteurs de la population, pas

14. Voir son essai : *France laïque. Sur quelques questions d'actualité*, Gallimard, Paris, 2020.

seulement les musulmans. Croit-on sérieusement que l'argument spécieux consistant à détacher les croyances des croyants soit de nature à resserrer le lien social ?

Charte de la laïcité et EMC : place au respect

J'observe avec intérêt qu'on ne peut plus dissocier les croyants de leurs croyances quand il s'agit de concevoir les textes normatifs destinés à régir la vie des établissements scolaires ou à promouvoir l'apprentissage des valeurs républicaines. La Charte de la laïcité à l'école, affichée depuis 2013 dans tous les établissements du premier et du second degré, proclame dans son article 9 que la laïcité « repose sur une culture du respect et de la compréhension de l'autre ». Le programme d'éducation morale et civique (EMC) enseigné dans les collèges et les lycées en fait une priorité. Sa première finalité est de « respecter autrui[15] ». Autrui en tant que personne, dépouillé de ses croyances ? En aucune façon : « Respecter autrui, poursuit le programme, c'est respecter sa liberté, le considérer comme égal à soi en dignité, développer

15. Version du 26 juillet 2018, *Bulletin officiel de l'Éducation nationale*. Françoise Lorcerie a attiré l'attention sur ce point dans « Liberté d'expression, j'écris ton nom », *loc. cit.*

avec lui des relations de fraternité. *C'est aussi* [je souligne] *respecter ses convictions philosophiques et religieuses*, ce que permet la laïcité. »

Impossible, donc, de séparer autrui de ses convictions, pas plus que le croyant de ses croyances, à moins, bien sûr, qu'il ne décide lui-même de le faire. Comment pourrait-on opérer une telle dissociation ? Si respecter autrui, c'est respecter ses convictions, osera-t-on soutenir, en toute hypocrisie, que la réciproque n'est pas vraie, qu'on pourrait salir les convictions d'un élève tout en prétendant que sa personne est hors de cause ? Pour les rédacteurs de ces textes, rédigés avec soin, il va de soi que nous sommes tous concernés par le respect des croyances et des convictions : élèves, enseignants, personnels des établissements, parents, membres de la communauté nationale.

Après le respect d'autrui, le programme d'éducation morale et civique obéit officiellement à une deuxième finalité : « acquérir et partager les valeurs de la République ». À savoir les valeurs de la devise nationale : liberté, égalité, fraternité, complétées par la laïcité, d'où se déduisent, ajoute le programme, « la solidarité, l'égalité entre les hommes et les femmes, ainsi que le refus de toutes les formes de discriminations ». Cette précision prend acte du fait que le lien social dépend aussi bien des relations horizontales entre les personnes que des relations verticales avec l'État. Une troisième finalité ferme la marche : l'EMC doit permettre à l'élève de « construire une culture civique ». Il s'agit de cultiver chez elle ou chez lui quatre types de qualités : *la sensibilité*, qui permet d'« identifier et d'exprimer ce que l'on ressent, comme de comprendre ce que ressentent les autres » et, donc, « de se mettre à la place de l'autre » ; *le sens de la règle et du droit*, qui initie au respect des règles de la vie commune et doit « conduire progressivement à une culture juridique » ; *le jugement*, c'est-à-dire le « discernement » et l'« esprit critique » face aux conflits de valeurs ; *l'engagement*, enfin, qui valorise l'action collective et « développe chez l'élève le sens de la responsabilité par rapport à lui-même et par rapport aux autres et à la nation ».

Vaste programme ! Je laisse à d'autres le soin d'en faire l'exégèse ou la critique. Je ne suis pas sûr qu'il revienne à l'État de définir nos valeurs. Il est de son ressort d'assurer le *juste*, mais est-ce à lui de définir le *bien* ? Cette question fondamentale étant mise entre parenthèses[16], nul ne peut nier qu'il ne soit le fruit

16. Elle est soulevée dans une contribution majeure de Philippe Portier, « Le tournant substantialiste de la laïcité française », *Horizontes antropológicos*, vol. 24, n° 52, 2018, p. 21-40. Également publié dans Olivier Christin (dir.), *Demain, la République*, Éditions du Bord de l'eau, Lormont, 2018.

une réflexion poussée : la République a son corps de théologiens, et ils ne manquent pas de talent. Le programme de l'EMC vise haut, tant sur le plan moral que sur le plan civique. Or j'observe qu'il se situe aux antipodes de la *double schizophrénie* qu'on cherche aujourd'hui à nous inculquer, à savoir l'idée qu'on pourrait outrager à l'envi les croyances tout en respectant les croyants, et l'illusion que la République resterait respectable si les citoyens n'avaient aucun respect pour les convictions d'autrui.

Règle d'or ou règle de fer ?

Critique veut dire réfutation, blâme, jugement négatif, voire ferme condamnation. Mais, si large soit-il, le spectre sémantique de ce terme n'est pas indéfini. Critique ne veut pas dire outrage, avilissement, enculade. On change alors de registre, sans quoi les mots n'ont plus aucun sens. La notion de débat soulève une question analogue. Il est des milieux – et le monde scientifique en fait partie – où la polémique fait partie de la vie. Si les chercheurs vivaient cloisonnés sans jamais s'affronter, c'en serait fini du débat scientifique et la recherche s'étiolerait. Mais s'ils polémiquaient à outrance et basculaient dans l'éristique, qui consiste à employer les pires moyens pour terrasser l'adversaire, y compris des ressources étrangères au champ, on sortirait de la controverse ou de la polémique: le milieu deviendrait invivable et la souffrance ne tarderait pas à s'installer. Nous le savons d'expérience, des cas de ce genre existent. Ils sont dramatiques, pathologiques. Ils nécessitent une intervention. Je prends cet exemple, je pourrais aussi bien évoquer la vie d'une communauté de voisinage, d'une association, d'un parti, d'une famille. Il y a critique et critique; il y a débat et débat. On aura beau mêler les jugements négatifs de toute sorte, des plus raisonnés aux plus agressifs, en les couvrant pudiquement du beau nom de «critique», il ne faut pas se leurrer: certains favorisent la vie commune, d'autres la détruisent. Et qu'on ne dise pas que c'est affaire de goût. La maîtrise de soi n'est pas une affaire de goût, pas plus que le degré de respect: c'est une règle de vie primordiale pour le bon fonctionnement de la société.

Cette règle est d'abord une règle de symétrie, un principe de réciprocité, qui est le plus petit dénominateur commun des morales et des éthiques sur cette planète. C'est ce qu'on appelle en éthique la Règle d'or: «Traite autrui comme tu voudrais être traité», «Ne fais pas à autrui ce que tu ne voudrais pas qu'on te fasse», «Agis de telle sorte que ta règle puisse tenir lieu de maxime universelle». De ce point de vue, la fiche-décryptage de l'association DCL sur les « caricatures de Mahomet », censée instruire les professeurs et les élèves sur les fondements républicains de la liberté de conscience et de la liberté d'expression, pose un double problème. Elle jette son dévolu sur une caricature délibérément obscène et attentatoire au rituel quotidien du pratiquant. Mais, de surcroît, comme l'a bien souligné Françoise Lorcerie, elle défend une conception radicalement dissymétrique du respect dû aux convictions d'autrui :

> Respecter un croyant, c'est lui laisser la liberté de croire et de pratiquer sa religion. Respecter un non-croyant, un athée ou un agnostique, c'est lui laisser la liberté de ne pas croire, de critiquer et de rire des religions, de railler et de dénoncer ceux qui tuent au nom de celles-ci.

On a bien lu : la société réunit deux composantes. On respecte la première en lui concédant le droit d'exister, on respecte la seconde en lui accordant le droit illimité de ne *pas* respecter la première. La Règle d'or de la réciprocité est remplacée par une Règle de fer : le traitement à sens unique. Comment imaginer qu'une telle asymétrie puisse favoriser la coexistence sociale et, plus simplement, tisser le début d'un lien social ? Ce pourrait être l'objet d'une expérimentation en psychologie des groupes : imaginez qu'on tire au sort les élèves d'une classe pour les répartir en deux groupes de taille inégale, une majorité A et une minorité B. Vous expliquez aux A qu'ils peuvent librement tourner en dérision les convictions et les productions des B, tandis que vous interdisez la réciproque aux B. Quel résultat pensez-vous obtenir ? Serez-vous étonnés si certains B se rebiffent et rendent la pareille aux A ?

Rien n'est dit, dans la fiche de DCL, sur le droit réciproque des croyants à critiquer ou railler les non-croyants, comme si leur liberté d'expression n'allait pas de soi. Mais la fiche laisse deviner la raison de l'asymétrie : le droit qu'ont les non-croyants de critiquer et railler les religions est mis sur le même plan que le droit de « dénoncer ceux qui tuent au nom de la religion », cas de figure placé opportunément en fin de phrase et qui justifie ainsi toutes les formes de « critiques ». Je rappelle le statut très particulier de cette fiche : une production de *Charlie Hebdo* labellisée par deux ministères et une douzaine d'agences ou d'instances officielles.

Comment concilier un tel document avec les textes officiels de l'Éducation nationale censés initier la jeunesse aux valeurs de la République, que ce soit la Charte de la laïcité, le programme d'éducation morale et civique ou certains discours officiels (comme le passage du discours d'Emmanuel Macron à la Sorbonne sur les missions de l'Éducation nationale) ? Ces textes soulignent les vertus du respect mutuel, alors que la doctrine énoncée par DCL légitime l'irrespect à sens unique. On ne peut pas faire société ainsi. La Règle d'or de la réciprocité, cette règle minimale, commune aux morales religieuses ou laïques du monde entier, a été l'une des sources de la philosophie républicaine de l'École, à travers la formulation kantienne de l'impératif catégorique, qui en offre une variante élaborée. Kant avait compris qu'une maxime ne peut profiter exclusivement à ceux qui l'énoncent ; elle doit avoir une portée universelle, ce qui veut dire concrètement qu'elle doit se soumettre à l'épreuve de la réciprocité des perspectives. La Règle d'or, c'est tout simplement l'éthique de la réciprocité. Elle suppose la capacité à se mettre à la place de l'autre et c'est par là, précisément, que nous nous différencions du fanatisme, enfermé dans son point de vue. Cette exigence d'inspiration kantienne sous-tend le beau texte de Paul Ricœur cité dans ma lettre ; elle se retrouve dans le programme officiel de l'éducation morale et civique, qui souligne l'importance du respect mutuel. Elle figure aussi à l'article 9 de la Charte de la laïcité. Tel est aussi, sous une forme lapidaire, le message de l'article 4 de la Déclaration des droits de l'homme et du citoyen :

« La liberté consiste à pouvoir faire tout ce qui ne nuit pas à autrui. » Nous retrouvons ici le principe de non-nuisance. Il en va de même de l'article 10 : « Nul ne doit être inquiété pour ses opinions, même religieuses. » On se souvient que son rédacteur, Boniface de Castellane-Nojean, l'un de ces « nobles libéraux » dont le rôle fut si décisif à l'été 1789, disait avoir pris pour guide le « plus sacré » des principes, « celui que nous lisons dans tous les livres de morale : ne faites pas à autrui ce que vous ne voudriez pas qu'on vous fît[17] ». Il suffit d'appliquer le principe de non-nuisance à la Règle d'or pour comprendre qu'on ne saurait réclamer d'autrui qu'il respecte le principe de non-nuisance si l'on s'autorise soi-même à le bafouer.

Dura lex, summa injuria

Comment faut-il appeler ceux qui s'ingénient à substituer la Règle de fer à la Règle d'or ? « Durs de la loi » ? « duristes » ? « poussistes » ? On connaît, en effet, leur argument favori face à celles et ceux qui osent humblement demander un minimum de respect envers les croyances (et pas seulement

17. *Archives parlementaires de la Révolution*, séance du 23 août 1789, p. 477.

les croyants) : « Si l'on pousse votre logique à fond, alors... », alors s'ensuivra une conséquence horrifique : c'est « la loi de Dieu » que vous imposerez à la République, la « théocratie », la pénalisation du « blasphème », la fin de nos libertés, la mort de la démocratie. Bref, la fin du monde. Vieille rhétorique de la pente fatale. Logique des extrêmes, logique binaire, qui abolit l'immense intervalle qui sépare les deux pôles opposés. Or, je le répète, c'est dans cet espace intermédiaire que la société se déploie, le seul où nous puissions vivre ensemble. Pour les « poussistes », dès lors que vous ne calez pas le curseur de la loi sur leur conception extrême de la liberté, c'est forcément que vous voulez le pousser à fond dans la direction opposée, celle de la servitude. L'argument est asséné avec beaucoup d'aplomb, pas mal de condescendance et, souvent, une bonne dose de mépris.

Depuis que la liberté d'expression est devenue, à la faveur des attentats, l'absolu des absolus, que reste-t-il aux croyants profondément injuriés dans leurs croyances ? Rien d'autre que de se taire et endurer. Toutes les portes du droit leur sont implacablement fermées, leur explique-t-on : personne n'est tenu de « respecter les croyances[18] », c'est la tâche de la République, à l'étage du dessus. C'est tout juste si les croyants ne

---

18. Gwénaële Calvès, *loc. cit.*

devraient pas remercier les non-croyants de blesser ainsi leurs convictions pour leur bien. N'est-ce pas là une belle leçon de liberté d'expression que leur administre la République ? Les durs de la loi sont aussi durs d'oreille. Sourds à la souffrance des croyants systématiquement raillés et méprisés dans leur foi, suspectés de complaisance pour les adeptes de la violence, ils ne peuvent même pas imaginer ce que c'est. L'offense, à leurs yeux, n'est qu'une forme de sensiblerie, un refuge dans la « victimisation », dans l'« indignation » – ces formules d'exécration utilisées de nos jours quand on veut nier l'existence des discriminations. Mais réduire au silence ceux qui osent dénoncer les discriminations dont ils sont victimes, ce n'est pas autre chose que raviver le vieux procédé du *victim blaming*[19].

Dura lex sed lex, telle pourrait être la devise des « poussistes ». À ceci près que leur loi n'est pas dure pour tout le monde. La liberté d'expression telle qu'ils la conçoivent offre aux incroyants, aux athées, aux libres-penseurs la jouissance d'un défoulement sans retenue contre le phénomène religieux. En revanche, la loi est dure aux croyants. Le mot d'ordre

19. Expression forgée par le psychologue américain William Ryan, *Blaming the Victim*, Pantheon Books, New York, 1971, en riposte au rapport Moynihan qui rejetait la faute de la pauvreté sur les familles noires monoparentales.

de l'idéologie « poussiste » est simple : « Endurcissez-vous. » Avec deux sens différents : « N'écoutez pas ceux qui réclament le respect » (à l'adresse de ceux qui seraient tentés de s'attendrir), « Souffrez en silence les outrages » (pour ceux qui attendent en vain un peu de respect). Denis Ramond voit juste sur ce point :

> Aujourd'hui on constate que la liberté d'expression consiste à ne pas écouter l'autre, ni à protéger le droit des autres à s'exprimer. Elle permet de dire tout le mal que l'on pense du voisin et à le faire taire : s'exprimer pour empêcher les autres de le faire[20].

Le droit romain nous a légué des adages qui traversent les siècles, tant le latin juridique est concis et mordant. Adage pour adage, il faut toujours rappeler que *dura lex sed lex*, « la loi est dure mais c'est la loi », a pour pendant *summum jus, summa injuria*. En traduction libre : « poussé à l'extrême, le droit produit le comble de l'injustice ». C'est entre ces deux adages qu'il faut naviguer si l'on se soucie de dire la justice dans un monde où coexistent de multiples conceptions de l'existence. Dans des termes plus actuels, cela signifie

---

20. Denis RAMOND, entretien avec Frédéric Worms, émission *Matières à penser*, France Culture, 5 mars 2019. J'ai cité cet auteur iconoclaste dans ma lettre du 30 octobre.

qu'il faut renoncer à pousser unilatéralement une liberté ou un droit au détriment des autres. C'est ce qu'on appelle le principe de l'*indivisibilité* des droits : qui interprète un droit doit considérer sa relation avec les autres droits du système, sans établir de hiérarchie entre eux. Plus facile à dire qu'à faire, tant la tentation est grande de favoriser un droit au détriment de l'autre. Cela vaut pour les rapports entre liberté d'expression et liberté de conscience, auxquelles on pourrait ajouter le respect de la dignité des personnes. Si la balance de la jurisprudence penche trop fortement d'un côté, c'est une anomalie majeure qu'il faut corriger.

Le philosophe belge Guy Haarscher, que nous avons déjà rencontré, dénonce la « rhétorique liberticide » qui consiste à invoquer les droits de l'homme (la liberté religieuse, le rejet des discours de haine, la protection de la réputation contre la discrimination) pour censurer la libre expression[21]. Ces attaques insidieuses auraient remplacé les attaques frontales d'antan, qui prétendaient sanctionner le « blasphème ».

> Il faut se montrer capable de déceler derrière des demandes « politiquement correctes » la vieille

21. Guy Haarscher, « Liberté religieuse contre liberté d'expression ? Pressions de conformité et rhétorique politiquement correcte », *Revue du droit des religions*, 10 novembre 2020 (en ligne).

incapacité de certains à accepter la subordination, en cas de conflit, de la loi de Dieu à celle du *demos*, surtout quand ce dernier s'incarne dans des systèmes constitutionnels garantissant la liberté religieuse.

À mesure que disparaissent en Europe les législations punissant le blasphème, l'attaque frontale contre le blasphème serait abandonnée, à en croire Haarscher, au profit d'une tactique insidieuse consistant à protéger la sensibilité religieuse prise à partie par des offenses. Stratégie contre stratégie, le philosophe intente ici un procès d'intention à la demande de respect : il requalifie la démarche *juridiquement correcte* du plaignant en une demande *politiquement correcte*, donc inacceptable. Il voit dans le recours un abus de droit. Dès lors, tous les signes du vocabulaire sont inversés. Qui se retient d'offenser autrui pratique l'autocensure, le respect n'est plus que lâcheté[22]. L'attention aux droits d'autrui s'explique par la peur des représailles, le *chilling effect*[23]. Mais comment fait-on la différence entre la retenue

---

22. Dans le langage fleuri de *Charlie Hebdo*, « refuser de jeter de l'huile sur le feu », c'est forcément « chier dans son froc », images à l'appui (numéro du 15 février 2006).

23. *To chill*: refroidir, geler, d'où paralyser, inhiber, dissuader. Le mot se rattache à la même racine indo-européenne que le français « gel ».

et l'autocensure, la maîtrise de soi en société et la soumission obséquieuse ? En temps normal, le respect est la norme, l'irrespect l'exception. Mais la politique du soupçon préconisée par Haarscher inverse la situation : elle fait de l'irrespect le fond normal des choses, tandis que le respect devient une manœuvre suspecte. Dans un tel système de relations sociales, il devient difficile d'établir un lien de confiance, tant l'esprit semble hanté par l'abus de confiance.

Déshabiller le prophète pour rhabiller la collégienne

L'appréciation de l'indécence est flottante, c'est entendu. Elle l'est d'autant plus quand on manie un double standard. Offrons-nous ici une petite respiration. Quelques semaines avant l'attentat de Conflans-Sainte-Honorine, le ministre de l'Éducation nationale dut affronter un dossier particulièrement délicat. Des chefs d'établissement s'étaient offusqués d'une tenue en vogue chez les adolescentes qui arboraient un *crop top*, ce « haut moulant » qui s'interrompt au-dessus de la taille et laisse le nombril à découvert. Sommées d'aller se rhabiller, les intéressées se sont rebiffées sur les réseaux Twitter et TikTok. L'affaire était suffisamment grave pour que le ministre de l'Éducation nationale exposât sa doctrine sur le sujet. Elle était toute républicaine : « L'école n'est pas un lieu comme les autres. Vous n'allez pas à l'école comme vous allez à la plage ou en boîte de nuit [...]. Chacun peut comprendre qu'on vient à l'école habillé d'une façon républicaine » (RTL, 21 septembre 2020). Le lendemain, *Le Figaro Madame* titra joliment : « La "tenue républicaine" de Jean-Michel Blanquer met le feu à Twitter ». La militante féministe Caroline De Haas proposa en vain une élégante solution : une version tricolore du *crop top*. Des élèves tout aussi facétieuses, qui avaient peut-être lu les pages mémorables de Maurice Agulhon sur le sujet[24], osèrent suggérer que la plus républicaine des tenues, propre à séduire le ministre, était celle de Marianne sur la toile de Delacroix, *La Liberté guidant le peuple*. Sa robe rebelle ne recouvre-t-elle pas dignement le nombril ? Il est vrai qu'en contrepartie, elle découvre une poitrine conquérante, mais la République ne peut pas tout avoir !

Les motivations du ministre étaient des plus louables : respecter le principe d'égalité, garantir la protection des jeunes filles, s'assurer que le vêtement n'engendre à l'école « ni stigmatisation ni discrimination ». Dans ce cas, rétorqua sur France Info une

---

24. Maurice AGULHON, *Marianne au combat. L'imagerie et la symbolique républicaines de 1789 à 1880*, Flammarion, Paris, 1979.

lycéenne peu sensible aux paternelles attentions du ministre, qu'attend-on pour imposer l'uniforme en classe ? Certains rêvent d'y revenir mais ce *dress-code* républicain semble peu compatible avec la « liberté d'expression » au sens que les jeunes lui donnent volontiers, c'est-à-dire la liberté laissée à chacune et à chacun d'afficher ses goûts et son style de vie, y compris en provoquant une « fraction de la population », comme dirait la Cour de Strasbourg. Pour couper court aux sarcasmes, le ministère rectifia le tir dans un communiqué : ce n'est pas la tenue qui doit être républicaine mais l'école.

Ce distinguo ne change rien au fond. Car de quoi la République s'offusque-t-elle ? On ne peut esquiver ici le parallèle avec les caricatures de Mahomet par Coco ou par Luz. La même autorité qui perçoit dans le nombril apparent des élèves une atteinte à l'école républicaine ne voit pas d'inconvénient à accréditer un dossier pédagogique louant les vertus républicaines d'une caricature qui met Mahomet à nu, et pas seulement son nombril. Où est la cohérence d'une doctrine qui déshabille le prophète pour rhabiller la collégienne ? Je crains que la réponse ne soit très simple : si le respect est dû à la République et non aux religions, c'est que la République est elle-même une religion qui revendique pour elle le monopole légitime du respect.

Voyez comment les défenseurs de la République se sont employés à protéger de toute profanation les rituels et symboles de la religion civile. En octobre 2001, une partie du public avait copieusement sifflé *La Marseillaise* à l'ouverture d'un match de football France-Algérie, au grand scandale de la droite patriote. Deux ans plus tard, Nicolas Sarkozy, devenu ministre de l'Intérieur, déposa un amendement au projet de loi « pour la sécurité intérieure en France » qui créait le délit d'outrage au drapeau ou à l'hymne national lors des événements réglementés par les autorités publiques, un outrage puni de 7 500 euros d'amende et aggravé de six mois d'emprisonnement s'il est commis en réunion (loi du 18 mars 2003). Saisi de cet article par les députés socialistes, qui le jugeaient contraire au principe de la liberté d'expression, le Conseil constitutionnel l'entérina (décision n° 2003-467 DC du 13 mars 2003). Il ne vit dans cet article aucun « cavalier législatif » puisque l'amendement invoquait les nécessités de l'ordre public dans une loi de sécurité intérieure, et il jugea que le législateur était dans son rôle en cherchant à concilier les exigences de l'ordre public et la garantie des libertés constitutionnellement protégées. Le délit d'outrage au drapeau et à l'hymne national est devenu ainsi dans notre pays une restriction manifeste à la liberté d'expression. Si vous avez l'esprit assez mal tourné pour juger que *La Marseillaise* véhicule des paroles belliqueuses d'un autre âge, il vous est interdit de le manifester publiquement en la sifflant : ce ne sera pas une « critique » mais un « outrage », car l'hymne national est sacré.

Mais l'histoire ne s'achève pas là. Un décret de juillet 2010 fixant le montant de la contravention pour de tels outrages a été déféré au Conseil d'État par la Ligue des droits de l'Homme. Dans leur décision du 19 juillet 2011, les sages du Palais-Royal ont limité le champ d'application de la loi de 2003 aux « troubles graves à la tranquillité et à la sécurité publiques ». Il est permis, en revanche de lacérer le drapeau tricolore ou de brutaliser *La Marseillaise* dans le cadre d'une « œuvre de l'esprit » qui comporte une dimension politique, artistique ou philosophique. Avis aux amateurs qui voudraient moquer les symboles de la nation : les siffler dans un stade n'est pas jouer, mais les railler en rap est permis.

On sait qu'il en va autrement aux États-Unis, un pays où les symboles patriotiques foisonnent pourtant dans l'espace public, sans commune mesure avec la discrétion française en la matière. En 1990, la Cour suprême des États-Unis a reconnu le droit de brûler ou de piétiner la bannière étoilée[25]. Elle l'a

25. Sur ce contraste franco-américain, voir le troisième chapitre de Pierre Birnbaum, *Les Deux Maisons. Essai sur la citoyenneté des juifs en France et aux États-Unis*, Gallimard, Paris, 2012.

fait au nom de la liberté d'expression consacrée par le Premier Amendement. Dans un esprit analogue, même si l'énoncé de la règle ne se situe pas au même niveau juridique, la Fédération américaine de football a dû renoncer à interdire aux joueurs de poser un genou à terre pendant l'exécution de l'hymne national. Aux États-Unis comme au Royaume-Uni, on est censé se tenir droit devant les plus hautes autorités. Mais, après avoir banni cet outrage à l'hymne national en 2017, la fédération l'a de nouveau autorisé en 2020, parce qu'il avait pris la valeur d'un geste de protestation contre le racisme et devait donc bénéficier de la liberté d'expression.

Quand la République séparait les sexes

Nous voici sur un terrain glissant, celui de l'identité nationale, de la singularité française. La satire est une vieille tradition nationale, nous dit-on. Mais nous la partageons avec les Anglais, qui l'ont pratiquée avec plus de constance que nous : les caricatures de Napoléon ne sont pas françaises, que je sache, mais anglaises. Heureusement, il existe un terrain où les Anglais ne nous arrivent pas à la cheville : notre art de la civilité mixte. C'est un thème cher à Alain

Finkielkraut. L'islamisme radical ne s'en prend pas seulement à la République, mais à ce que nous sommes, à cette marque de civilisation qu'est l'art de la libre conversation entre hommes et femmes : « Nous sommes les héritiers de la galanterie, c'est-à-dire d'un certain régime de la coexistence des sexes fondé sur la mixité. Or le voile réduit les femmes à l'état d'objets sexuels[26]. » Une idée reprise en avril 2018 par Emmanuel Macron, qui avait jugé le port du voile islamique « non conforme à la civilité dans notre pays, c'est-à-dire au rapport qu'il y a entre les hommes et les femmes dans notre pays[27] ».

Civilisation française et mixité, ce thème ne manque pas de raviver le souvenir de quelques brillantes figures : Mme de Lambert, Mme du Deffand, Mlle de Lespinasse, Mme d'Épinay et quelques autres. Femmes de goût, de savoir ou de pouvoir. « Il fallait passer par elle pour aller à l'Académie française », disait-on de Mme de Lambert. On songe aussi à Sophie Volland, aux échanges épistolaires de *La Nouvelle Héloïse*, dont le raffinement dépasse

---

26. Alain Finkielkraut, débat avec Alain Badiou, *L'Obs*, 17 décembre 2009. Propos réitéré dans maintes interviews depuis.

27. Emmanuel Macron, entretien avec Jean-Jacques Bourdin (BFMTV) et Edwy Plenel (Mediapart), 15 avril 2018.

l'entendement. Plus tard, aux salons de Mme de Necker et de sa fille, Germaine de Staël[28].

Il est certain que la mixité a longtemps opposé le modèle français de sociabilité au séparatisme misogyne des sexes pratiqué en Angleterre dans les collèges universitaires ou dans les clubs. Je garde le vif souvenir d'une invitation à la « table haute » du All Souls College à Oxford en 1992. Le repas aux chandelles s'ouvrit sur le *benedicite* et s'acheva par une séparation qui ne surprit que moi : les femmes s'éclipsèrent, tandis que le premier sexe se regroupa au fumoir. Il fallut s'en tenir à une conversation entre hommes. Je n'avais pas vécu d'expérience aussi exotique depuis mon séjour chez les Indiens aymara de Bolivie. Au sortir de cette étrange soirée, je me suis senti *irremediably French.*

C'est dire que je suis sensible à l'argument de la mixité comme marqueur de civilisation. Mais qu'en est-il en dehors des lieux réservés de la haute société ? On change alors de monde. La thèse d'une affinité foncière de la France avec la « civilisation de la mixité » est

28. Claude Habib a célébré cette « galanterie française », mais la référence la plus solide reste le chapitre de Marc FUMAROLI sur la « conversation » dans *Les Lieux de mémoire*, qui couvre plusieurs siècles et contient un savoureux florilège de citations et de références. Indispensables aussi les deux sommes d'Alain VIALA : *La France galante* (PUF, Paris, 2008) et *La Galanterie. Une mythologie française* (Seuil, Paris, 2019).

démentie par deux réalités objectives massives. La première est connue de tous : c'est la longue exclusion des Françaises du droit de vote jusqu'en 1945, soit une guerre de retard sur les Anglaises, qui l'obtinrent en 1918. Cette exclusion signifie concrètement que, dans les générations de mes parents et de mes grands-parents, les conversations politiques étaient le plus souvent des conversations entre hommes. En 1974 encore, c'est sous le sceau du secret (« Il ne faut pas le dire à grand-père ») que ma grand-mère me confia qu'elle ne voterait pas à la présidentielle comme son mari. Depuis le XIXe siècle régnait encore en milieu populaire ou bourgeois un véritable dimorphisme sexuel : aux femmes la piété, aux hommes la libre-pensée.

Le second démenti à la thèse d'une civilisation française foncièrement mixte est un phénomène rarement évoqué et pourtant massif : la stricte séparation des sexes dans le système scolaire français jusqu'à une date récente. Il faut lire la thèse de Geneviève Pezeu, référence sur le sujet[29]. Tolérée dans les classes de primaire pour des raisons pratiques, la mixité fut longtemps exclue de l'enseignement secondaire

29. Geneviève Pezeu, « Coéducation, co-enseignement, mixité. Filles et garçons dans l'enseignement secondaire en France (1916-1976) », thèse en Sciences de l'éducation, Université Paris-Descartes, juin 2018 (accessible en ligne).

public, d'autant que les programmes différaient entre filles et garçons. Surveillée de près par l'Église[30], l'école laïque devait faire assaut de moralité, montrer qu'elle savait « protéger les filles ». Marie Curie en fit l'expérience en 1911 : elle sollicita du lycée Lakanal de Sceaux, entièrement masculin, une inscription dérogatoire pour sa fille Irène, âgée de quinze ans. La presse en parla, s'offusqua. La demande fut rejetée et Marie Curie dut inscrire sa fille au cours Sévigné[31].

En fin de compte, rappelle Geneviève Pezeu, il fallut attendre la loi Haby du 11 juillet 1975 pour que la mixité devînt obligatoire en France de la maternelle au lycée – c'est-à-dire bien après mai 1968. C'est l'expérience banale de ma génération : de la maternelle (1957) à la terminale (1970), ma scolarité dans le secteur public fut intégralement *non mixte*. Le lycée Kléber de Strasbourg accueillait quelque deux mille élèves en 1970. Les seules filles que nous pouvions lorgner dans la cour du lycée – avec les yeux du grand Duduche – se comptaient sur les doigts d'une main. Elles fréquentaient la seule enclave de mixité de l'établissement : les classes préparatoires scientifiques.

---

30. En 1929 encore, l'encyclique de Pie XI, *Divini illius magistri*, condamne la coéducation des garçons et des filles : elle méconnaît l'omniprésence du péché originel et « offense la modestie féminine ».

31. Geneviève Pezeu, *op. cit.*, p. 258.

Ce n'est pas avant les études supérieures que j'ai eu l'occasion de côtoyer pour la première fois dans une salle de cours les « personnes du sexe opposé », comme on disait encore à l'époque.

Quitte à frustrer les attentes du lecteur, je referme ici mes souvenirs de jeunesse pour conclure au fond. L'aristocratie et la haute bourgeoisie françaises ont certes cultivé depuis des siècles une sociabilité mixte de haute volée – selon le modèle de la « galanterie française » chère à Claude Habib, mais au prix de maintes résistances, restituées par Alain Viala. Pour des générations entières d'élèves, en revanche, la norme commune fut bel et bien la séparation des sexes. Il faut être singulièrement amnésique pour prétendre aujourd'hui que la mixité serait en quelque sorte un marqueur génétique de la civilisation française qui en éloignerait radicalement les familles de culture musulmane. Et beaucoup de mauvaise foi pour suggérer que l'extrémisme musulman vise notre civilisation de la mixité. « Le voile à l'école, nous explique-t-on, n'est pas conforme à notre idée de la laïcité, à notre tradition des relations entre hommes et femmes, à l'esprit général de la civilisation française[32]. » Que dire alors de la séparation pure

32. Alain Finkielkraut, « Il existe une civilisation française » (entretien avec Bernard Gorce), *La Croix*, 6 décembre 2013.

et simple des sexes, longtemps érigée en norme par l'enseignement secondaire républicain ? Avant de tirer des conclusions hâtives sur le *clash* des civilisations, mixtes *versus* non mixtes, prenons donc la bonne habitude d'examiner les faits, y compris des réalités si massives qu'on ne les voit même plus, comme le fut le cloisonnement des filles et des garçons dans le système scolaire français. Demandons-nous si les divergences actuelles de comportement traduisent des différences de nature ou des décalages dans le temps. Et, face à la coexistence de plusieurs modèles dans une même société, vérifions donc si nous jugeons de la même manière des cas analogues. Je songe au mouvement hassidiste loubavitch, très prosélyte dans les milieux populaires juifs, qui sépare soigneusement les sexes dans les écoles sous contrat. Qui songe à mettre en cause son inclusion pacifique dans la société française ? Mais on pourrait citer également le cas de la franc-maçonnerie qui, tout en étant étroitement solidaire de la République, a longtemps écarté les femmes des loges ou les a maintenues dans des loges féminines[33].

---

33. Françoise GASPARD, « Franc-Maçonnerie, République et exclusion des femmes », *Les Cahiers du Cedref*, hors série 2, 1996, p. 63-75.

La France, phare des libertés ou repoussoir?

Les autorités françaises le répètent à l'envi et à juste titre: nous ne sommes pas les ennemis de l'islam. Mais cette déclaration de principe n'est guère convaincante si notre prétention à revendiquer une liberté d'expression absolue, exercée sans discernement, procure le sentiment que nous adressons un bras d'honneur au reste du monde et, plus spécialement, au monde musulman. La France s'imagine encore qu'elle est le phare des Lumières, « la Liberté d'expression éclairant le monde ». Soyons lucides: si le phare n'a d'autres messages à diffuser que le « droit au blasphème » ou le « devoir de blasphème », il risque fort de n'éclairer que lui-même. Le phare ne sera plus qu'un repoussoir, un fanal de naufrageurs.

Fiers de nos lumières, nous oublions qu'elles n'allaient pas jusqu'aux sujets indigènes des colonies (on jugeait qu'ils n'en étaient pas dignes) et qu'elles ont tardé à franchir la barrière du genre (les femmes n'étaient pas assez adultes et autonomes, pensait-on, pour bénéficier du principe d'égalité). S'agissant des populations immigrées venues des pays du Sud ou des habitants venus de l'Outre-mer, la France n'a pas été exemplaire, c'est le moins qu'on puisse dire. La lenteur de la décolonisation (la France quitte les Comores en 1975 et Djibouti en 1977), ainsi que son maintien dans le Pacifique (en Nouvelle-Calédonie, mais aussi en Polynésie, où les essais nucléaires s'étalent de 1966 à 1996) ne l'ont pas grandie sur la scène internationale. Après les accords d'Évian, prétextant qu'elle s'était retirée du Maghreb et qu'elle ne pratiquait ni la ségrégation raciale ni l'apartheid, la France a traîné des pieds dans la lutte contre le racisme et les discriminations raciales. Les Nations unies avaient adopté en 1965 la Convention internationale sur l'élimination de toutes les formes de discrimination raciale; c'est en 1971 seulement que la France la ratifie, sous la pression de l'Année internationale contre le racisme décidée par l'ONU, ce qui permettra de voter la loi Pleven du 1er juillet 1972 relative à la lutte contre le racisme. De même, il a fallu une directive européenne de l'an 2000 pour que la France se dote enfin, en 2004, d'une agence spécialisée, la Haute autorité de lutte contre les discriminations et pour l'égalité, la Halde, avec un retard de cinquante ans sur le Royaume-Uni. Nos élèves doivent savoir que d'autres foyers que la France diffusent désormais le message des droits et des libertés à travers le monde. Le plus efficace est sans conteste la Convention européenne des droits de l'homme, grâce à l'interprétation créative qu'en donne la Cour de Strasbourg depuis ses premiers arrêts de 1960. Pour la France, c'est un jeu de qui perd gagne: la souveraineté que l'on craint de perdre en voyant la Cour de Strasbourg gagner en influence, nous pouvons la regagner si nous prenons la tête du mouvement européen des droits de l'homme pleinement garantis, au lieu de le suivre à distance.

Histoire coloniale et discriminations : le double déni

J'ai entamé le présent essai par une « chronique critique » de la seconde quinzaine d'octobre 2020, allant de l'assassinat de Samuel Paty à la rentrée de la Toussaint. Dans l'intervalle, les polémiques sont allées bon train sur les « complicités intellectuelles » du terrorisme, tandis que le président de la République, dans son discours de la Sorbonne, réaffirmait la tradition française de la satire des religions et des pouvoirs. Son discours, cependant, ne s'en tenait pas là. Il enchaînait sur un programme d'action : développer un enseignement de l'Histoire qui ne traite pas seulement des « gloires » du pays mais aussi de ses « vicissitudes » ; lutter contre les discriminations subies par les jeunes ; développer une culture civique du respect mutuel. Les médias n'ont guère relayé ce passage du discours présidentiel, pas plus que ses ministres, du reste. Dans le contexte d'un attentat djihadiste, ces belles paroles pouvaient sembler hors sujet et purement verbales. Il me semble, pourtant, que le sujet doit être pris au sérieux.

L'islamophobie, une tradition française

L'enseignement de l'histoire de France d'abord. Non seulement ses « gloires » mais ses « vicissitudes ». Mieux encore, le fait que nos glorieux prédécesseurs avaient leur part d'ombre. J'ai déjà évoqué le cas de Jules Ferry passant du parti colonial à la critique acerbe du colonialisme, tandis que Clemenceau suivait le chemin inverse. Mais allons plus loin. On se demande souvent, de nos jours, comment le cerveau d'un djihadiste peut se remplir d'idées aussi primaires et mortifères que la conquête violente du monde par l'islam. Elle est au programme du TLP au Pakistan et d'autres groupes extrémistes, que Gilles Kepel suit à la trace. Nous ne pouvons pas imaginer que des idées aussi barbares puissent germer dans les cerveaux les plus cultivés de la France des Lumières et des droits de l'homme. Et pourtant... voici quelques citations pour nous rafraîchir la mémoire.

Nous sommes en 1841. Le général Bugeaud poursuit la conquête de l'Algérie. Il reçoit la visite d'un journaliste venu de métropole qui exulte : la fin de l'islam est proche (on parlait alors d'*islamisme*, sur le modèle de *catholicisme, judaïsme* ou *protestantisme*) :

> Les derniers jours de l'islamisme sont venus ; notre siècle est probablement destiné à le voir quitter les rivages de l'Europe [...]. Attaqué sur tous les points, le croissant se brise et s'efface. Dieu le refoule, il l'envoie, au temps marqué, périr dans les déserts d'où il est sorti. Alger, dans vingt ans, n'aura plus d'autre Dieu que le Christ.

Notre journaliste espère une percée équivalente des Anglais en Égypte, qui préludera à la chute de l'Empire ottoman. Une fois la « croix » plantée à Alger, Alexandrie, Constantinople, tous les espoirs seront permis : « Nous croyons nous livrer au négoce, et nous achevons les croisades. » Repoussé au sud du Sahara, l'islam est voué à s'éteindre :

> À mesure que la lumière se fait, il s'éloigne il va chercher des civilisations inférieures. Son croissant est un astre de nuit : que les déserts l'accueillent jusqu'au jour où il doit s'éteindre absolument et n'être plus qu'un nom dans l'histoire ! [...] C'est le dessein de Dieu d'en finir avec l'islamisme [...]. Il est déjà temps de louer Dieu.

L'auteur de ces prophéties n'est pas n'importe qui. C'est Louis Veuillot, le directeur de *L'Univers*, l'organe du parti catholique ultramontain, qui jouera un rôle moteur dans le ralliement des catholiques français à Napoléon III[1].

Alain Ruscio a publié récemment un florilège saisissant de textes islamophobes liés à la colonisation[2]. Il précise bien qu'il s'agissait là d'un courant d'opinions parmi d'autres. L'intérêt de ces citations est de montrer à quel point, face à la résistance des populations musulmanes, les plus grands esprits pouvaient basculer dans la démesure et la violence meurtrière. Dès la conquête d'Alger en 1831, un grand poète romantique ne laisse d'autre alternative aux « barbares » que la conversion ou la mort :

> Nulle peuplade dorénavant n'aura le droit de rester barbare à côté des nations civilisées. L'islamisme est le culte le plus immobile et le plus obstiné ; il faut bien que les peuples qui le professent périssent s'ils ne changent pas de culte.

---

1. Louis Veuillot, *Les Français en Algérie. Souvenirs d'un voyage fait en 1841*, Mame et Cie, Tours, 1845, introduction.
2. Alain Ruscio, « La France et l'islam : la méfiance vient de loin... », *Histoirecoloniale.net*, 8 novembre 2020.

Cette diatribe est signée d'Alfred de Vigny[3]. « Obstiné » est un terme classique de l'antisémitisme chrétien : les juifs s'obstinaient à ne pas reconnaître le Christ. Avec la conquête coloniale, le crime d'obstination est imputé désormais aux musulmans, qui résistent aux tentatives de conversion des missionnaires.

Trente ans après, un brillant professeur achève sa leçon inaugurale en usant du même registre pour évoquer l'islam :

> À l'heure qu'il est, la condition essentielle pour que la civilisation européenne se répande, c'est la destruction de la chose sémitique par excellence, la destruction du pouvoir théocratique de l'islamisme, par conséquent la destruction de l'islamisme ; car l'islamisme ne peut exister que comme religion officielle ; quand on le réduira à l'état de religion libre et individuelle, il périra... [...] Là est la guerre éternelle, la guerre qui ne cessera que quand le dernier fils d'Ismaël sera mort de misère ou aura été relégué par la terreur au fond du désert. L'islam est la plus complète négation de l'Europe ; l'islam est le fanatisme.

---

3. Journal d'un poète, t. 1, in *Œuvres complètes*, Louis Conard, Paris, 20 août 1831, p. 181.

« Islamisme », je le rappelle, veut simplement dire islam. Et l'homme qui parle tranquillement d'exterminer les musulmans jusqu'au dernier – et pas seulement d'extirper une croyance – n'est autre qu'Ernest Renan inaugurant sa chaire au Collège de France[4]. J'ai complété la citation partielle de Ruscio. Le début de ce passage est cité également par Pierre-André Taguieff[5], mais sans les membres de phrase sur l'islamisme, donnant ainsi l'impression que Renan visait seulement le monde juif alors que la destruction de la « chose sémitique » concernait d'abord l'islam (Renan évoque « le dernier fils d'Ismaël » et non pas les fils d'Isaac et Jacob). Françoise Lorcerie, de son côté, avait cité ce texte au complet dans un article pionnier qui documente et analyse l'islamophobie coloniale de la conquête aux années 1990[6]. On sait que le même Renan, vingt ans plus tard, ému par le sort de l'Alsace-Lorraine, proclamera le droit des peuples à disposer d'eux-mêmes – le fameux

4. Ernest Renan, *De la part des peuples sémitiques dans l'histoire de la civilisation. Discours d'ouverture du cours de langue hébraïque, chaldaïque et syriaque au Collège de France*, 4e édition, Michel Lévy Frères, Paris, 1862.

5. Pierre-André Taguieff, *La Judéophobie des Modernes. Des Lumières au Jihad mondial*, Odile Jacob, Paris, 2008, p. 180.

6. Françoise Lorcerie, « L'islam comme contre-identification française : trois moments », *L'Année du Maghreb*, II, 2007, p. 509-536.

« plébiscite de tous les jours » – dans une conférence devenue culte : « Qu'est-ce qu'une nation ? »[7]. Ce qui ne l'empêchera pas, l'année suivante, dans une autre conférence de poursuivre ses diatribes islamophobes[8].

En 1881, la population algérienne est en émoi. Un colonel chargé de mater la rébellion d'un village a détruit le tombeau du saint et dispersé ses ossements. Un romancier envoyé en reportage depuis la métropole prend la défense du colonel :

> Vous vous trouvez en face d'un peuple de fanatiques, rien que de fanatiques : pour en venir à bout, c'est leur religion qu'il faut frapper, qu'il faut abattre.

Cette fanatique exécration du fanatisme est signée Guy de Maupassant[9].

Inutile de poursuivre cet accablant florilège. Ces textes sont autant d'appels au meurtre, ils ne

---

7. Disponible aujourd'hui chez une dizaine d'éditeurs. Je recommande l'édition préfacée par Shlomo Sand dans la collection « Champs » : Ernest Renan, *Qu'est-ce qu'une nation ?* Suivi de *Le Judaïsme comme race et comme religion*, Flammarion, Paris, 2011.

8. Ernest Renan, « L'islamisme et la science », conférence à la Sorbonne, 29 mars 1883. Citée in Françoise Lorcerie, « L'islam comme contre-identification... », *loc. cit.*

9. Guy de Maupassant, « Lettre d'Afrique », *Le Gaulois*, 7 septembre 1881 (article signé « Un colon »).

valent pas mieux que les actuelles fatwas qui nous révulsent si profondément. D'autres voyageurs ont tiré des conclusions opposées de leur visite et défendu avec vigueur les droits des populations locales. Ainsi Clément Juglar, le grand spécialiste des cycles économiques, qui, dès 1852, effectue en Algérie une mission d'enquête approfondie. Il dresse un constat d'échec : la colonisation pacifique rêvée par les saint-simoniens est un leurre, les militaires détruisent des structures coutumières qui fonctionnaient bien, les indigènes sont ruinés par des mesures fiscales absurdes, le recrutement des colons ne rencontre aucun succès en métropole (d'où l'appel aux Valenciens, Baléares, Siciliens, Maltais, etc.) et les résistances des colonisés sont brisées par l'« extermination »[10]. On a beau faire : les populations du Maghreb résistent et refusent de se convertir. « Inassimilables », « obstinés », « fanatiques » sont les termes qui reviennent inlassablement.

Tout autre est la sensibilité de Jean Jaurès face à la question musulmane. Alain Ruscio cite deux de ses discours à la Chambre en 1908 et 1912. L'orateur socialiste met en garde contre la tentation de la

---

10. Clément JUGLAR, « De la colonisation en Algérie », *Journal des économistes*, quatre livraisons dans l'année 1853. Voir Ludovic FROBERT, « Clément Juglar, l'Algérie et les colonies », *Revue européenne des sciences sociales*, XLVII-143, 2009 (en ligne).

manière forte pour réduire le Maroc : elle favorisera les fanatiques au lieu d'encourager les élites désireuses d'adapter l'islam à la modernité. S'insurgeant contre la presse catholique qui parle encore de « croisades », Jaurès estime que les aventures coloniales vont exaspérer l'islam : « On ne peut s'étonner en tout cas que partout, de l'Inde au Maroc, le monde musulman s'émeuve. »

Qui connaît ces textes en France, à part les historiens de l'Algérie ? Quelle place ont-ils dans l'enseignement ? Ils vont à l'encontre du dogme officiel selon lequel l'islamophobie serait une invention récente des « islamo-gauchistes ». Il existe bel et bien – y compris chez les élites – une tradition française de l'islamophobie, qui a prospéré sous la Restauration, le Second Empire et la IIIe République, et qui ne s'est pas éteinte mystérieusement depuis. Elle n'était pas désignée ainsi, mais la chose n'a pas attendu le mot, et l'effet est visible. Le monde musulman, de son côté, n'a pas tout oublié : il a ses lieux de mémoire et ses récits, qui ne sont pas plus « imaginés » que les nôtres[11].

---

11. À lire sur le sujet : Pierre-Jean LUIZARD, *La République et l'islam : aux racines du malentendu*, Tallandier, Paris, 2019, qui parcourt plusieurs épisodes des intrusions de la France en terre d'islam, dont l'expédition d'Égypte, la « projection chrétienne »

On s'étonne, par exemple, que si peu de Syriens aient demandé l'asile en France en 2015-2016 (3 % seulement des demandes, contre un tiers en Allemagne). Parmi les raisons possibles figure le fait qu'ils n'ont pas oublié la répression menée en 1925-1927 sous le mandat français par le général Sarrail. Limogé en juillet 1915 pour avoir critiqué Joffre, Sarrail avait la réputation d'être le seul républicain anticlérical au sein d'une hiérarchie militaire très catholique, d'où le fait qu'une dizaine de grandes villes en France aient donné son nom à des rues ou des boulevards[12]. Dès son arrivée au Levant en janvier 1925, Sarrail se met à dos les communautés religieuses. Partie du Jabal druze et durement réprimée, la révolte s'étend au nord du pays. Damas est bombardée et reconquise au bout de deux ans, au prix de 2 500 morts chez les Français et 10 000 chez les Syriens. Qui s'en souvient encore en France ? Les Français sont amnésiques ; pas les Syriens.

Et qui se souvient des conditions désastreuses dans lesquelles s'est achevé le mandat français en Syrie ? Au nom de la France libre, le général Catroux

de la IIIe République au Levant, la non-application de la loi de 1905 à l'Algérie, le mandat français sur le Liban et la Syrie dans l'entre-deux-guerres.

12. Pierre-Jean Luizard, *op. cit.*, chapitre 10.

avait proclamé l'indépendance du Liban et de la Syrie en juin 1941, mais en mai 1945, trois semaines après la capitulation de l'Allemagne, le général de Gaulle veut préserver les positions de la France au Levant. Il ordonne le débarquement de troupes coloniales qui gagnent la Syrie, bombardent Damas dans les derniers jours de mai en faisant des centaines de morts et commencent à piller la ville. La presse anglo-saxonne s'indigne. On est en pleine conférence de San Francisco. Churchill adresse un ultimatum public à De Gaulle. En vain. C'est finalement un contingent britannique qui obligera les troupes françaises à rentrer dans leurs casernes. L'indépendance de la Syrie deviendra effective en avril 1946[13].

Nous imaginons volontiers de nos jours qu'un mandat de la SDN impliquait forcément une domination bienveillante, une tutelle plus légère qu'une annexion coloniale. Comparé au terrifiant bilan (encore discuté) des massacres de Sétif, survenus

13. Les archives du quai d'Orsay ont été exploitées par Anne Bruchez, « La fin de la présence française en Syrie, de la crise de mai 1945 au départ des dernières troupes étrangères », *Relations internationales*, 2005, n° 122, p. 17-32. Le point de vue britannique est exposé par A. B. Gaunson, *The Anglo-French clash in Lebanon and Syria*, 1940-45, Palgrave, New York 1987 ; le point de vue libano-américain par Philip S. Khoury, *Syria and the French mandate*, Princeton University Press, Princeton, 1987.

dans les mêmes semaines, celui des « affaires » du Levant semble léger. Le mandat, comme le dit Henry Laurens, eut deux volets, le volet civil, qui écartait toute migration de peuplement, améliora les infrastructures et restait proche des élites, et le volet militaire, obnubilé par des visées géopolitiques, économiques et religieuses qui faisaient fi du droit des nations à disposer d'elles-mêmes[14]. D'où des sentiments très mêlés des deux côtés, et ce clivage persistant : une ancienne tutelle devenue amnésique, une mémoire qui reste vive du côté syrien.

La discrimination, une réalité qui se mesure

On parle beaucoup en ce moment de la *cancel culture*, cette pratique consistant à bannir les mots et les choses qui risquent de nous offusquer. Importée des campus américains, elle infiltrerait l'Université française. Pourtant, cette pratique est déjà solidement implantée en France. Un exemple flagrant de *cancel culture* est la volonté de rayer systématiquement de notre vocabulaire le mot « islamophobie », au motif qu'il s'agirait d'une « arme » des djihadistes. Autre

14. Henry Laurens, *Les Crises d'Orient*, vol. II, *La Naissance du Moyen-Orient (1914-1949)*, Fayard, Paris, 2019.

exemple de *cancel culture* : la censure exercée contre la notion de « discrimination systémique », concept juridique en cours d'élaboration au Conseil de l'Europe, déjà invoqué en France par le Défenseur des droits, mais largement incompris. Je rattacherai à la même *culture du déni* l'aveuglement persistant sur l'ampleur des discriminations ethnoraciales en France, lié à la croyance bien ancrée qu'il suffit d'exalter les idéaux d'égalité et de laïcité pour régler la question.

Un argument répandu contre la notion d'islamophobie est l'usage instrumental qu'en fait l'Organisation de la Conférence Islamique (OCI). La vigilance s'impose, c'est évident, mais le problème n'est pas nouveau. Bien des pays communistes se qualifiaient autrefois de « républiques démocratiques ». Les nations occidentales n'ont pas abandonné leur référence à la république ou à la démocratie sous prétexte que ces termes étaient dévoyés à l'étranger.

En ces matières, le déni et l'incantation ne sont d'aucun secours, pas plus que la police des mots. Il faut commencer par établir les faits. Et d'abord, quelle est l'ampleur des phénomènes de discrimination dans un pays comme la France ? Je serai forcément cursif. Les lectrices et lecteurs qui désireraient approfondir la question peuvent se reporter au cours que j'ai donné sur le sujet au Collège de France en février 2020[15]. Il faut le rappeler d'entrée de jeu : toutes les différences ne sont pas des inégalités (la couleur des yeux, par exemple) et toutes les inégalités ne sont pas des discriminations (il est normal que les écarts de salaire soient proportionnés aux niveaux de diplôme). L'approche juridique et l'approche statistique de la discrimination diffèrent, mais sans se contredire.

En droit, une discrimination est un traitement défavorable qui applique un critère illégitime de sélection défini par la loi (sexe, âge, handicap, apparence physique, origine, religion, orientation sexuelle...) et ce, dans des situations ciblées par la loi (emploi, rémunération, éducation, logement, soins, protection sociale, services, activités syndicales...). L'exemple canonique est celui de deux candidates en tous points semblables qui souhaitent obtenir un entretien d'embauche : même âge, même diplôme, mêmes compétences, même expérience professionnelle. Mais la demande de l'une est retenue, tandis que celle de l'autre est rejetée, du fait de ses origines étrangères perceptibles (patronyme, nationalité, pays de naissance, couleur de peau). L'article 14 de la Convention européenne des droits de l'homme

15. Cours de l'année 2019-2020, « Intégration : constats et débats », séance du 28 février 2020 (<www.college-de-france.fr/site/francois-heran/course-2019-2020.htm>, à partir de la 31e minute).

définit les critères de discrimination : notamment le sexe, la « race », la couleur de peau, la langue, la religion, les opinions politiques ou toutes autres opinions, l'origine nationale ou sociale, l'appartenance à une minorité nationale, la naissance...

Toujours en droit, la discrimination n'est pas nécessairement active, ni même intentionnelle. Elle peut-être *directe* : écarter expressément ou visiblement une catégorie de personnes, ou *indirecte* : adopter une mesure dont les conséquences sont discriminatoires. Celle-ci, à son tour, peut-être *active* (traiter de manière différente des personnes se trouvant dans des situations semblables) ou *passive* (traiter de manière semblable des personnes se trouvant dans des situations différentes). Il existe des discriminations *intentionnelles mais déguisées* (viser une catégorie sous le couvert d'une mesure générale) ou, inversement, *indirectes et non intentionnelles* (prendre une mesure générale qui se voulait neutre mais qui aboutit *de facto* à discriminer un groupe). Quant à la discrimination *systémique*, elle consiste, pour une institution ou une entreprise, à laisser ses agents recourir de façon fréquente et diffuse à des façons de faire qui désavantagent certaines catégories de façon illicite, sans rien faire pour mettre fin à ces pratiques.

Cet ensemble, on le voit, est complexe. La notion de discrimination indirecte est récente, elle est consacrée par une directive européenne de l'an 2000. Trop de politiques et de polémistes en sont restés à la vision d'une discrimination nécessairement directe et publique. On est frappé de voir à quel point le débat public en France méconnaît ces distinctions. La loi Pleven de 1972 a formaté nos esprits – et ceux des associations qui pouvaient désormais se porter parties civiles – en insérant dans la loi sur la presse de 1881 les délits d'injure et de diffamation à caractère raciste ainsi que « la provocation à la discrimination, à la haine ou à la violence raciale ». La loi sur la presse, par définition, se cantonne au registre de l'expression directe et publique. L'autre axe de la loi Pleven, dans son article 6, punit les dépositaires de l'autorité publique qui auraient « *refusé sciemment* » un droit à une personne à raison de son appartenance supposée à « une ethnie, une nation, une race ou une religion déterminées ». Là encore, la discrimination est censée émaner d'un agent identifiable, dotée d'une intention, à charge pour la victime de démontrer au pénal l'intention de discriminer. Preuve difficile à apporter, en l'absence de trace écrite. Fondé en 1984, SOS Racisme a cherché la solution dans des opérations de testing réalisées *in situ* qui attestaient la volonté de discriminer : en envoyant coup sur coup une personne de couleur et une personne « blanche » à l'entrée d'un service, on pouvait comparer les réactions des agents chargés de contrôler l'accès. En octobre 2000, la Cour de cassation a fini par admettre qu'un testing était un élément de preuve « recevable » en justice (et non une preuve décisive). En février 2015, elle a confirmé que le testing ne violait pas les droits fondamentaux des recruteurs testés par des CV fictifs. Les associations sont évidemment attachées à cette loi mais son efficacité reste limitée.

Dans le nouveau système médiatique, les procès pour incitation à la discrimination ethnoraciale sur la base de la loi de la presse ont un rendement fortement décroissant : même condamnés, les auteurs d'infraction trouvent dans le procès une tribune supplémentaire, couronnée par l'auréole du martyre (c'est l'*effet Zemmour*). Sur le fond, la loi Pleven polarise l'attention sur les discriminations volontaires et publiques en faisant croire qu'il suffirait de combattre les préjugés racistes, alors que la majorité des discriminations sont indirectes et discrètes.

La discrimination ethnoraciale, une réalité massive

À partir de l'année 2003, à l'instigation de quelques responsables d'enquête (dont le signataire de ces lignes) et sous la pression des règlements européens, l'Insee a introduit dans ses grandes enquêtes périodiques – dont l'enquête Emploi – les informations décisives sur l'origine migratoire des personnes, à savoir le pays de naissance et la première nationalité non seulement des personnes interrogées mais de leurs deux parents. Cette réforme décisive a ouvert la voie à une série d'études sur l'ampleur des discriminations. L'Ined et l'Insee ont lancé en 2008-2009 la grande enquête TeO, Trajectoires et origines, qui portait sur l'intégration des immigrés et de leurs descendants, ainsi que sur l'expérience des discriminations[16]. Des économistes ont développé par ailleurs les testings à grande échelle (envoi de milliers de CV fictifs à des centaines d'employeurs réels). Des observations ont été menées sur le terrain. En 2013, la revue de l'Insee, *Économie et statistique*, a publié un dossier de référence sur la mesure des discriminations en France[17]. Ce document accessible en ligne constitue la meilleure introduction au sujet : je la recommande vivement aux professeurs,

---

16. Cris Beauchemin, Christelle Hamel et Patrick Simon, *Trajectoires et origines. Enquête sur la diversité des populations en France*, Ined, Paris, 2016.

17. « Inégalités et discriminations : questions de mesure », *Économie et statistique,* n° 464-466, 2013, recueil de douze articles, avec une introduction d'Éric Delattre, Noam Leandri, Dominique Meurs et Roland Rathelot.

aux essayistes, aux politiques désireux de s'informer. Ce dossier rend compte de travaux menés au sein de la statistique publique mais aussi par la recherche universitaire. Qui en prend connaissance ne peut plus nier l'étendue des discriminations ethnoraciales en France, comparable à celles des autres pays occidentaux. La République ne protège pas plus des discriminations que les autres versions de la démocratie.

Il ressort des revues internationales de la littérature dressées par l'Insee que *les chances d'être embauché chutent à peu près de moitié quand l'origine maghrébine ou subsaharienne des personnes est perceptible* (physiquement ou sur le papier). C'est cette réduction des chances qu'on appelle le « taux de discrimination ». Il varie de 35 % à 60 % selon les lieux, ce qui est considérable. Par définition, ce genre de discrimination se mesure à compétences égales, après contrôle des diplômes et de l'expérience professionnelle, mais aussi après avoir neutralisé la part des inégalités liées à l'origine sociale. Bien entendu, on peut appliquer ces analyses à l'accès à d'autres biens ou ressources : la promotion professionnelle, le logement, le crédit, l'enseignement supérieur, les soins, les services. On commet une lourde faute en niant l'ampleur de la discrimination ethnoraciale dans nos sociétés – France comprise – et pire encore en tentant d'en imputer la faute aux victimes, en les accusant de se complaire dans la « victimation » ou la « victimisation ».

Les discriminations ne sont pas solubles dans les inégalités sociales, elles s'y ajoutent. C'est pourquoi je suis toujours atterré de voir des chercheurs de haut niveau s'imaginer que la mise en évidence des inégalités ethnoraciales ferait de l'ombre à la sociologie des inégalités sociales ou à celle des inégalités de genre. Attiser ainsi la *concurrence des critiques* est un gaspillage d'énergie au sein des sciences sociales. Toutes les critiques comptent (qu'elles soient civique, sociale, sexuelle, ethnique, environnementale) et toutes devraient faire front commun, même si le spécialiste reconnu d'un certain type de critique peut se sentir débordé, voire déclassé, par le développement d'une forme inédite de critique chez les nouvelles générations de chercheurs.

Il faut insister sur un point : *les discriminations ne se postulent pas, elles se mesurent*, elles s'éprouvent. On peut les étudier par des observations *qualitatives* suivies, mais l'analyse *quantitative* est indispensable pour cerner l'ampleur et les ressorts du phénomène, y compris dans sa dimension intersectionnelle.

On doit à Véronique Petit et Yannick L'Horty le premier testing à grande échelle sur ces questions[18].

18. Pascale PETIT, Emmanuel DUGUET, Yannick L'HORTY, Loïc DU PARQUET et Florent SARI (laboratoire TEPP-CNRS),

Ils ont suivi en 2009 le sort de 2 424 candidatures à 303 offres d'emploi pour des postes de développeurs informatiques de niveau Bac + 5. Les candidats fictifs, quatre femmes et quatre hommes, avaient tous le même CV (bac S, licence + master en Île-de-France), la même expérience à l'issue du master (en programmation, développement, gestion de bases...) et deux ans d'expérience en entreprise. Ils vivaient tous dans les XIIIe ou XIVe arrondissements de Paris. Les seules « variables » qui modifiaient les CV étaient le genre, le patronyme et l'origine (France, Maroc, Sénégal, Vietnam). L'analyse des données consiste à comparer le pourcentage de convocations à un entretien d'embauche obtenues par chaque groupe (ou « taux de rappel »).

Les résultats sont accablants : si « Anthony Bertrand » a 28 % de chances d'être convoqué à un entretien, le taux recule à 23 % pour « Sophie Moreau » (effet de genre) ; il recule à 21 % pour « Abdallah Zalegh » et 10 % pour « Jamila Kaïdi » (effet d'origine). L'effet intersectionnel genre + origine a plus que divisé par deux les chances d'un entretien d'embauche (de 28 % à 10 %). Quand on passe à des patronymes sénégalais, le taux de rappel recule encore : 14 % pour

« Discrimination à l'embauche : les effets du genre et de l'origine se cumulent-ils systématiquement ? », *Économie et statistique*, n° 464-466, 2013.

« Amadou Diallo », 8 % pour « Fatou Diouf » – alors que le taux moyen d'« Antony Bertrand », rappelons-le, est de 28 %. La diminution des chances est énorme. N'oublions pas qu'elle s'observe *à diplôme égal* (*même master*) *et à parcours professionnel équivalent.* Ce qui veut dire en clair qu'il ne suffit pas de prêcher aux intéressés la nécessité d'accomplir un beau parcours au sein de l'école républicaine et de nos universités, il ne suffit pas de mettre les femmes et les hommes à égalité sur la ligne de départ : le testing tient ces deux conditions pour acquises. Et, pourtant, la discrimination vous attend encore à la sortie ! Selon la couleur de la peau ou vos origines mais aussi le sexe, elle divise vos chances par deux ou par trois.

Les essayistes qui tournent en dérision le « jeu victimaire » de la discrimination ethnoraciale devraient soigneusement méditer ces résultats. Le déni n'est plus de mise. Comment s'étonner, en présence de faits aussi massifs, que les intéressés se sentent victimes d'un système général plutôt que de mettre en cause tel ou tel agent d'une institution ? Comment ne concluraient-ils pas que ce processus de sélection injuste, qui brise leurs vies, est bel et bien un processus de « racisation » ? Ce mot, que certains jugent offensant pour notre sacro-sainte République, a une signification très précise : voilà des jeunes, bardés de diplômes et ayant une expérience professionnelle, qui se retrouvent soudainement, à un moment crucial de leur trajectoire, ***réduits à leur « race »***, ramenés à leur couleur de peau et à leurs origines. « Racisé » est un concept créé dès les années 1970 par la sociologue et philosophe Colette Guillaumin dans sa puissante analyse du racisme[19]. « Racisé » est aussi français qu'« ostracisé ». ***« Racisé » est le mot le plus républicain qu'on puisse imaginer car il prend au mot l'idéal républicain d'égalité*** et demande que l'on mesure sérieusement l'écart qui sépare la réalité de l'idéal. Il ne s'agit pas d'exiger d'emblée une égalité de résultats, mais l'égalité des chances pour ceux qui, détenteurs des diplômes requis, sont en droit d'attendre la juste rétribution de leurs mérites (c'est bien ainsi que le testing est construit). Dénoncer les discriminations ethnoraciales n'est pas un « fantasme victimaire » mais un geste sain. Ce n'est pas promouvoir la « haine des Blancs » ou un « antiracisme anti-Blancs », c'est pointer une anomalie profonde de nos sociétés prétendument démocratiques. On trouve malheureusement cette forme de déni poussée à l'extrême dans le pamphlet de Pierre-André Taguieff, *L'Imposture décoloniale*[20] :

---

19. Colette Guillaumin, *L'Idéologie raciste. Genèse et langage actuel*, Mouton, Paris/La Haye, 1972 (rééd. Gallimard, Paris, 2002).

20. Pierre-André Taguieff, *L'Imposture décoloniale…*, *op. cit.*, p. 333. Je saute dans ce passage les allusions aux violences policières, niées avec la même vigueur.

> Les discriminations en raison de l'origine, de l'appartenance ou de la couleur de la peau sont condamnées par la loi : le racisme d'État est une chimère. Les discriminations existantes ne font pas de la société française une société raciste [...]. Mais il faut reconnaître qu'il est fort difficile de convaincre ceux qui se nourrissent de fantasmes et de notions confuses, et tiennent à tout prix à conserver leurs illusions, qui donnent un sens à leur existence – les militants aiment leurs œillères. C'est peine perdue que d'argumenter d'une façon rationnelle face à des croyants ou à des individus de mauvaise foi.

Et d'évoquer ensuite le « terrorisme intellectuel » de ceux qui osent dénoncer l'ampleur des discriminations dans notre société. Je laisse le lecteur juge. C'est l'un des rares passages de l'essai de Taguieff qui évoque l'existence des discriminations. À titre d'exercice pédagogique, je recommande aux professeurs d'éducation morale et civique de présenter à leurs élèves un dossier confrontant les résultats du testing de Petit et L'Horty (ou d'autres études analogues) avec les condamnations morales fulminées par Taguieff. La question à poser aux élèves pourrait être : de quel côté se situe la rationalité ? Où est l'esprit cartésien censé inspirer la science française ? Qui donc se nourrit de fantasmes ?

L'islamophobie à l'épreuve du testing

Personne ne peut affirmer ou nier l'existence des diverses discriminations en se contentant de commenter des textes ou de rédiger des tribunes. Pour décrire et analyser des phénomènes aussi complexes, un travail expérimental de longue haleine est nécessaire, qui permette de tester des hypothèses et de les vérifier. Il faut saluer ici le travail pionnier de Marie-Anne Valfort, économiste à l'École d'économie de Paris.

Sa première étude, publiée dans une revue scientifique de réputation mondiale, atteste le poids de l'antisémitisme et de l'islamophobie en France[21]. « Marie Diouf » a beau présenter un CV en tout point semblable à celui d'« Aurélie Ménard », son patronyme suffit à réduire ses chances d'obtenir un entretien d'embauche : elles reculent de 27 % à 21 %. Mais si le même CV annonce « Khadija Diouf » au lieu de « Marie Diouf », ses chances s'effondrent à 8 %. Est-ce l'effet des origines, l'effet de la religion, ou les deux à la fois ?

Pour démêler ces facteurs, Marie-Anne Valfort a entrepris une seconde étude, soutenue par l'Institut

21. Claire L. Adida, David D. Laitin, Marie-Anne Valfort, « Identifying barriers to Muslim integration in France », *Proceedings of the National Academy of Sciences*, 28 décembre 2010.

Montaigne[22]. De septembre 2013 à septembre 2014, elle a envoyé 6231 offres d'emploi fictives à des employeurs réels. *Cette fois, le dispositif égalise les origines* et pas seulement les diplômes; il fait varier uniquement les « signaux » qui renvoient à la religion. Esther et Dov sont juifs, Nathalie et Michel catholiques, Samira et Mohammed musulmans, mais tous portent le même patronyme : Haddad. Leur parcours est identique : naissance au Liban en 1988, enfance dans le même quartier de Beyrouth, études supérieures en France avec acquisition de la nationalité française, même diplôme (un BTS de comptabilité), mêmes expériences professionnelles en CDD. Le poste convoité est identique : un emploi dans la comptabilité. Outre le prénom, les appartenances religieuses sont signalées dans certaines variantes des CV *via* la mention de la langue maternelle, le passage par une école privée, des activités associatives religieuses *versus* laïques (du genre « encadrement de jeunes à l'association laïque des scouts de X »). Je passe sur les précautions de méthode exposées dans le rapport : elles sont d'une rigueur exemplaire.

---

22. Marie-Anne VALFORT, « Discriminations religieuses à l'embauche : une réalité », Institut Montaigne, octobre 2015. Pour une extension à d'autres critères de discrimination, voir Stéphane CARCILLO et Marie-Anne VALFORT, *Les Discriminations au travail. Femmes, ethnicité, religion, âge, apparence, LGBT*, Presses de Sciences Po, Paris, 2018.

Le résultat est clair : à âge égal, origine identique, réussite universitaire et expériences professionnelles équivalentes, *la religion fait encore la différence. Il existe bel et bien en France des discriminations religieuses* qui ne se confondent pas avec les discriminations ethnoraciales mais s'y ajoutent.

Les écarts sont fortement accentués au détriment des musulmans quand le CV ajoute au prénom un signe de pratique. « Mohammed Haddad », s'il est marqué comme pratiquant musulman (« association musulmane de... »), doit envoyer en moyenne vingt lettres de candidature pour obtenir un entretien d'embauche, contre seulement cinq pour Michel et quatre pour Nathalie, sept pour Dov et cinq pour Esther si ces derniers apparaissent également comme pratiquants. Les CV juifs sont légèrement désavantagés par rapport aux CV chrétiens, mais c'est sans comparaison avec le désavantage subi par le CV musulman. Autre résultat, le profil de « Mohammed Haddad » est deux fois moins discriminé quand on le baptise « Adam » ou qu'on l'affiche comme militant laïque. À l'inverse, « Michel Haddad » *gagne* à s'afficher comme pratiquant, comme si les recruteurs étaient sensibles à une cohérence chrétienne du parcours.

On peut tourner et retourner la question : les résultats sont là et ils convergent avec des expériences analogues dans les pays occidentaux. Toutes les formes de discrimination religieuse existent sur le marché du travail. L'antisémitisme est présent, c'est indéniable, mais sans comparaison avec l'islamophobie, qui est d'une tout autre ampleur. Et ceci, je le répète, à origine semblable et pour des jeunes ayant déjà franchi la barrière des diplômes. Que gagnerait-on, dans ces conditions, à rayer du vocabulaire le mot « islamophobie » pour le remplacer par « anti-musulmans » ? Pas plus qu'en décidant de remplacer « antisémitisme » par « judéophobie ». La censure lexicale n'abolira pas la dure réalité. La *cancel culture* est un phénomène détestable, y compris en France, car elle oppose le déni à la connaissance de phénomènes aussi massifs, attestés par des mesures expérimentales y compris dans leur aspect intersectionnel.

La force de l'approche intersectionnelle

Vous avez dit « intersectionnel » ? Vous osez encore prononcer ce mot après l'excommunication lancée par le ministre de l'Éducation nationale contre les « études intersectionnelles » dans la semaine qui a suivi le meurtre de Samuel Paty ? Vous voulez donc encourager les professeurs et les chercheurs à importer en France cette idéologie américaine pour saper le principe d'égalité et détruire la République ? On ne devrait pas avoir à réfuter de telles accusations, pas plus qu'un ministre ne devrait les lancer. Mais j'ai la passion de la pédagogie et je ne me déroberai pas.

Condamner les analyses intersectionnelles, c'est condamner les expériences minutieuses de testing que je viens de décrire, c'est priver la recherche scientifique d'un outil majeur pour mesurer le *cumul* des discriminations, c'est s'interdire de comprendre pourquoi, à diplôme égal, Khadija Diouf a 3,3 fois moins de chances de décrocher un entretien d'embauche qu'Aurélie Ménard, c'est refuser de voir quelle est la *part respective* de l'origine et de la religion dans ce formidable gâchis de capital humain et d'énergie. J'ai résumé tout à l'heure à grands traits une expérience qui combinait ces facteurs à la différence de genre. Autant de tests comparatifs qui permettent de savoir ce qui se passe à l'*intersection* de plusieurs facteurs de vulnérabilité. C'est cela, l'intersectionnalité. L'étude des discriminations est forcément intersectionnelle. On parle aussi de discriminations multiples ou enchevêtrées.

Certes, il existe des versions qualitatives de cette approche qui peuvent surprendre par leur langage postmoderne et revendicatif. C'est surtout vrai en littérature comparée ou en anthropologie : on y trouve sans peine des exemples irritants de phraséologie ou de terminologie jargonneuses. Pour ma part, je me garde d'extrapoler ces dérives à l'ensemble de ces courants. *Je fais le tri.* Et je procède de même pour les études *postcoloniales* et les études *décoloniales* – deux courants de recherche que je ne confonds pas, car le second est très critique du premier[23]. À tous ces courants, j'applique le précepte de l'arrêt *Handyside* : ils peuvent « heurter, choquer ou inquiéter » les consciences, surtout les consciences républicaines enfermées dans une pensée au premier degré, mais ils ne méritent pas qu'on les taxe d'imposture et qu'on les accable de son mépris. Les approches qualitatives (anthropologiques ou sociologiques) qui attirent l'attention sur le cumul des discriminations ethnoraciales et qui soulignent leur lien avec les origines coloniales des migrations sont précieuses ; elles peuvent inspirer très utilement les analyses démographiques, économiques, épidémiologiques et juridiques.

---

23. Je propose deux définitions qui marquent bien la différence entre ces deux mouvements. 1. Études postcoloniales : études prenant en compte le point de vue des colonisés sur le fonctionnement du système colonial dans le passé et soulignant la persistance actuelle des héritages coloniaux dans les sociétés et cultures des anciennes métropoles. 2. Études décoloniales : appellation forgée à la fin des années 1990 par des militants latino-américains puis afro-américains pour qualifier des études visant à montrer que la mondialisation prolonge la domination coloniale de l'Occident et appelant à combattre ses prétentions à l'universel dans le domaine de la culture et des savoirs.

On en trouve un exemple frappant dans le domaine de l'accès aux soins et des parcours de soins. À l'été 2019, une équipe française a été lauréate de l'appel à projets Synergy, le concours le plus compétitif et le mieux doté du Conseil européen de la recherche. Or ce projet revendiquait une approche *intersectionnelle* des inégalités de santé[24]. Membre du jury aux côtés d'une vingtaine d'experts internationaux, j'ai admiré la qualité du projet. Pourquoi ne pas le dire ? J'ai vu avec fierté que la France, grâce à ce succès, pouvait récupérer une partie de sa cotisation au système européen de la recherche. Le projet interroge les grandes cohortes de santé françaises pour appréhender la formation des inégalités de santé et des discriminations tout au long de la séquence des soins, avec un intérêt particulier pour le sort des personnes qui se situent à l'*intersection* des différents facteurs de vulnérabilité : genre, catégorie sociale, parcours migratoire, habitat, patrimoine génétique…, le tout pour un choix de pathologies : hypertension, infarctus du myocarde, dépression, maladie d'Alzheimer. Le projet mobilise des méthodes statistiques de haut niveau et des observations prolongées dans les centres de soin.

24. Projet présenté sur le site <https://cordis.europa.eu/project/id/856478/fr>.

Qui porte donc cette recherche intersectionnelle? Deux chercheures de l'Inserm, une sociologue de l'École normale supérieure, un économiste de l'École d'économie de Paris, ces deux derniers étant liés au CNRS. Le projet permettra de recruter de jeunes chercheurs dans ce domaine. Je pourrais citer d'autres études ayant une forte dimension intersectionnelle, comme celles qui cherchent à démêler depuis le printemps 2020 les multiples facteurs d'exposition et de résistance à l'épidémie de covid-19, auxquelles participent des entités publiques comme l'Inserm, l'Ined, l'Insee, la Drees (le service statistique du ministère de la Santé et de la Solidarité sociale).

On imagine la stupéfaction de tous ces chercheurs quand ils entendirent le ministre de l'Éducation nationale, dans la semaine suivant le meurtre de Samuel Paty, se lancer à corps perdu dans la dénonciation des « complicités intellectuelles » des attentats djihadistes en y incluant pêle-mêle les approches intersectionnelles, décoloniales et indigénistes, accusées de « gangréner » (*sic*) l'Université et de créer ainsi un climat propice au terrorisme ! J'ai cherché à comprendre la source de cette incroyable confusion. Ce qui semble hérisser le ministre et ses proches, c'est de voir des études croiser les effets du genre, de la classe, de la « race », de la religion, etc. dans une société républicaine indifférente aux différences, tout imbue du principe d'égalité. Enfermés dans une lecture *au premier degré* (celle-là même qu'on reproche aux belles âmes heurtées par les caricatures), ces critiques concluent qu'on ne peut parler de « race » ou de « racisation » sans être raciste.

C'est le postulat posé dès les premières pages de *L'Imposture décoloniale* et qui sera martelé jusqu'à la fin. Le même traitement est appliqué aux distinctions de genre. Aux yeux de Pierre-André Taguieff, la mise en évidence des discriminations subies par les personnes de couleur, les femmes et les immigrés (ou leurs descendants) ne peut avoir qu'un unique ressort : une hostilité viscérale à l'égard du « mâle occidental blanc » ou, comme il le dit encore, un « racisme anti-Blanc ». Et si les auteurs pensent ainsi lutter contre le racisme, une cellule les attend chez Taguieff : l'« antiracisme raciste ». Le piège est sans issue. Je passe sur les pages qui imputent ces déviations à la « folie », la « bêtise » ou l'« imposture » des auteurs. Quand on ne comprend pas les raisons d'autrui, il est plus expédient de les extraire du domaine de la raison : le débat cesse alors faute de combattants. C'est ce qu'on appelle le « jugement de folie » dans l'analyse rhétorique. Ce refus de comprendre a pour ressort le déni, c'est-à-dire la minimisation systématique des discriminations, la mise à l'écart des données empiriques qui démontrent leur ampleur en

France comme ailleurs. En fin de compte, l'ignorance des faits.

Rassurons donc les « hommes blancs » que ces analyses « heurtent, choquent ou inquiètent ». Taxer de racisme les chercheurs qui s'emploient à décrire la mécanique du racisme est aussi absurde que d'accuser les criminologistes d'être des criminels. L'objet des études intersectionnelles est plus subtil : il ne s'agit pas d'assigner les personnes à une race mais de mesurer l'effet des *assignations raciales* sur la vie des personnes. Pour cerner ces assignations, il faut utiliser des indicateurs indirects (des *proxys*, dit-on en statistique et en science expérimentale), tels que le continent d'origine de la famille ou la perception qu'on peut se faire des perceptions « raciales » d'autrui.

J'ai vécu une dizaine d'années en Île-de-France près du terminus d'une ligne de métro située dans une banlieue de la seconde ceinture. Régulièrement, une patrouille de police attendait les voyageurs au sommet de l'escalator et procédait à des interpellations. J'ai toujours été épargné : le sort tombait sur des voyageurs de couleur ou basanés. À l'évidence, je bénéficiais de ce qu'on appelle aujourd'hui un « privilège blanc ». Dire cela, le reconnaître ouvertement, est-ce attiser les haines raciales, comme le postule Taguieff ? Est-ce pratiquer la « haine de soi », aiguiser le « racisme anti-Blanc », cultiver la « victimisation » ?

En aucune manière. Ce vocabulaire psychologisant est hors de propos. *Mettre en évidence le « privilège blanc », c'est accomplir un devoir républicain* : c'est braquer le projecteur sur une anomalie qui porte profondément atteinte au fonctionnement de la démocratie et au respect des droits. Car c'est cela qui « gangrène » la République, et non pas les voix, toujours plus nombreuses parmi les nouvelles générations, qui osent pointer ce phénomène, même si elles le font parfois avec l'ardeur véhémente ou malhabile du néophyte. Décrire et dénoncer les traitements qui aboutissent à sélectionner les personnes sur des critères illégitimes, ce n'est pas fragmenter la nation, c'est mobiliser à la recherche d'une solution commune toutes les composantes de la société : fonctionnaires de l'État et simples particuliers, immigrés et natifs, chercheurs et militants, pouvoirs publics et appareil judiciaire. Avec la sérénité et le volontarisme nécessaires.

Ce que « racisme systémique » veut dire

Il est un domaine où les chercheurs ont mesuré les discriminations raciales en utilisant non pas des indicateurs indirects mais les outils officiels des auteurs de discrimination. Je veux parler des interpellations policières dites « au faciès » (on parle de « profilage racial » à l'échelle européenne). En 2007-2008, la Fondation Soros et une équipe du CNRS menée par Fabien Jobard et René Lévy ont organisé la première enquête d'envergure jamais menée en France sur l'ampleur du « profilage racial »[25]. Les enquêteurs ont choisi à dessein les lieux de passage les plus fréquentés de Paris. En Gare du Nord : le hall central, le terminal souterrain et les quais du train Thalys ; à Châtelet-Les Halles : l'échangeur du métro et du RER et la place de la fontaine des Innocents. L'apparence physique des personnes a été identifiée en utilisant une version simplifiée des stéréotypes raciaux que la police est autorisée à manier à des fins d'identification depuis l'informatisation en 1992 du fichier Canonge créé en 1950 : « Blanc », « Asiatique », « Maghrébin », « Noir », « Indo-Pakistanais ». D'autres caractéristiques ont été relevées : l'âge, le sexe, la tenue (jeune ou de ville) et le portage d'un sac qui pourrait être suspect. 524 contrôles ont été observés : ils ont visé un « Blanc » sur 176, un « Noir » sur 45 (soit 3,6 fois plus)

25. Le premier rapport était encore sommaire : Indira Goris, Fabien Jobard et René Levy, *Police et minorités visibles. Les contrôles d'identité à Paris*, Open Society Institute, Justice Initiative, Paris, 2009. Les précisions de méthode sont données dans Fabien Jobard, John Lamberth, René Lévy, Sophie Névanen, « Mesurer les discriminations selon l'apparence : une analyse des contrôles d'identité à Paris », *Population*, vol. 67, n° 3, 2012, p. 423-452.

et un « Maghrébin » sur 58 (3,7 fois plus). À la Gare du Nord, un jeune homme « noir » en tenue de ville et sans sac est 7,4 fois plus contrôlé en moyenne qu'un homologue « blanc ». Les usagers qui fréquentent quotidiennement ces lieux de passage ont un risque cumulé d'être contrôlés en l'espace d'un mois qui s'élève fortement.

En 2016, le Défenseur des droits a lancé une enquête sur le « profilage racial » dans les contrôles d'identité, qui confirme, avec d'autres méthodes, l'ampleur du phénomène déjà mesuré par le CNRS. Dans son rapport du 22 juin 2020, il souligne qu'une partie de la population est « surexposée aux contrôles policiers et à des relations dégradées avec les forces de l'ordre [...]. L'expérience répétée des discriminations et leur nature systémique ont des conséquences délétères et durables sur les parcours individuels, les groupes sociaux concernés et plus largement sur la cohésion de la société française ». Le 9 novembre 2017, la Cour de cassation, dans quatre arrêts différents, conclut qu'« un contrôle d'identité fondé sur des caractéristiques physiques associées à une origine réelle ou supposée, sans aucune justification objective préalable, est discriminatoire : il s'agit d'une faute lourde qui engage la responsabilité de l'État ». On a bien lu : *une faute lourde de l'État* et non pas l'égarement passager de quelques brebis galeuses.

En 2010, l'organe dédié du Conseil de l'Europe, la Commission européenne contre le racisme et l'intolérance (Ecri), avait interpellé la France[26] :

> L'Ecri exhorte les autorités françaises à prendre des mesures pour lutter contre tout comportement discriminatoire de la part des représentants de l'ordre, y compris le profilage racial, notamment en définissant et interdisant clairement ce profilage racial dans la loi, en menant des recherches sur le profilage racial et en assurant un suivi des activités de police afin d'identifier des pratiques de profilage racial.

Il est difficile d'accumuler plus de données et de mises en garde, émanant d'instances de toutes sortes. Qu'est-ce alors que la « discrimination systémique » ? Non pas la discrimination *systématique* organisée d'en haut par l'institution, comme le croient (ou feignent de le croire) les partisans du *statu quo* pour

---

26. *Rapport de l'ECRI sur la France (quatrième cycle de monitoring)*, Strasbourg, Conseil de l'Europe, juin 2010, p. 10. Le rapport inclut une réponse du gouvernement français (p. 50), qui mentionne les actions de formation, le contrôle du respect des droits de l'homme par la hiérarchie et les inspections générales, ainsi qu'une statistique globale des sanctions disciplinaires en général, sans la moindre précision sur la question posée : le profilage racial lors des interpellations.

se débarrasser prestement du problème. Mais une pratique diffuse, portée par des agents individuels qui ont contracté certaines habitudes, se laissent entraîner par les pairs, ne mesurent pas toujours ce qu'ils font, s'en remettent à l'expédient du préjugé pour agir dans l'urgence. À ce stade, il n'y a pas encore de discrimination systémique caractérisée. Deux conditions doivent être remplies pour cela. La première est une concordance de témoignages et d'observations, d'enquêtes ou de testings. La seconde est le fait qu'en dépit de ces constats réitérés, la hiérarchie de l'institution ne fait toujours rien pour modifier la situation. La discrimination, dès lors, entre dans la catégorie des discriminations *systémiques* : l'institution a négligé les données objectives et les avertissements officiels, elle s'abstient d'agir. Le droit européen est formel : pour être passive, la discrimination n'en est pas moins une discrimination. Or nous sommes exactement dans ce cas de figure en ce qui concerne le « profilage racial » des interpellations policières en France.

Qu'ont fait les gouvernements successifs de notre pays, qu'a fait le législateur français pour remédier à la situation ? La réponse est simple : rien. Les deux solutions concrètes envisagées tour à tour ont échoué : les députés socialistes ont enterré par deux fois, en mars et en juin 2016, la formule anglaise du récépissé que les policiers auraient pu remettre à la personne interpellée à la fin de l'opération (de manière à éviter des interpellations réitérées). De leur côté, les syndicats de police se sont opposés à la formule des caméras embarquées, expérimentée çà et là. Dès lors, les conditions d'une discrimination systémique sont parfaitement réunies. Au moment où j'écris ces lignes, la bataille est relancée, mais sans grand espoir. Le président de la République a annoncé le 4 décembre 2020 la création d'une « plateforme de signalement des interpellations » destinée aux victimes. Il s'est heurté à une levée de boucliers chez les syndicats de policiers[27], ainsi qu'au scepticisme des juristes[28].

La Cour de cassation ne parle pas à la légère : l'interpellation policière sur la seule base de l'apparence physique est bien « une faute lourde qui engage la responsabilité de l'État ». Ce n'est pas le policier de base

---

27. Le syndicat majoritaire Unité SGP Police-Force ouvrière interpelle ses adhérents : « Nous sommes violents, n'interpellez plus ! Nous sommes racistes, ne contrôlez plus ! Blocage total !!! » Même dénégation de la part du syndicat Alliance : « Non, la police nationale n'est pas raciste et elle ne choisit pas sa délinquance » (*tweets* reproduits par *Ouest-France*, 7 décembre 2020).

28. Sur l'ensemble de la question, voir le dossier très documenté de Yannis Benrabah, « Pratiques abusives du contrôle d'identité : réflexions pour vaincre l'arbitraire », blog de Mediapart, 25 janvier 2021 (l'auteur est élève-avocat à l'École de formation du barreau de Paris et diplômé de l'École de droit de Sciences Po Paris).

qui est en cause, c'est l'État. Parler de « discrimination d'État » ou de « discrimination institutionnelle » n'a donc rien d'absurde ou d'injurieux dans ce cas précis. Pas davantage le fait de parler d'islamophobie d'État s'il s'avère que les personnes interpellées plus qu'à leur tour sont porteuses de signes religieux visibles. En réponse à une tribune de Jean-François Bayart, qui soutenait l'existence d'une « islamophobie d'État », un lecteur du *Monde* réplique : il faudrait dans ce cas « démontrer que les dirigeants de notre pays ont mis en place, à tout le moins, un projet politique calculé, assumé, conscient, de racisme et de discrimination active, voire de persécution, à l'encontre des populations musulmanes[29] ».

Ce raisonnement est typique d'une confusion courante : *croire que la discrimination implique l'intention de nuire*, qu'elle suppose un plan soigneusement ourdi par les supérieurs des agents. Ce n'est pas le cas. Pour établir la discrimination, on ne sonde pas les cœurs, on examine les conséquences. D'où l'emploi de formules impersonnelles dans les textes, à l'article 225-1 du code pénal (« Constitue une

29. Gabriel Millon, « Le Monde des lecteurs : sur une supposée islamophobie d'État », *Le Monde* [blog des lecteurs], 4 novembre 2020. En réplique à la tribune de Jean-François Bayart, « Que le terme plaise ou non, il y a bien une islamophobie d'État en France », *Le Monde*, 31 octobre 2020.

discrimination toute distinction opérée entre... ») comme à l'article 14 de la Convention européenne des droits de l'homme. Or l'auteur du courrier s'empresse de déplacer le terrain sur la notion de « persécution ». Son syllogisme est simple : la discrimination volontaire par excellence, c'est la persécution d'État organisée par les nazis ou le régime de Vichy. Or rien de tel n'existe dans notre démocratie. Donc la discrimination d'État n'existe pas : c'est un concept forgé pour aligner la prétendue islamophobie actuelle sur l'antisémitisme officiel des années 1940.

L'argument a beaucoup circulé dans le débat public mais sa prémisse est fausse : *la discrimination n'est pas une persécution.* On peut d'ailleurs citer des domaines où la discrimination d'État est régulièrement dénoncée sans que l'on postule une persécution officielle. Ainsi en est-il du traitement des personnes handicapées. Si les bâtiments publics ne sont pas aménagés pour les accueillir, si l'Éducation nationale se désintéresse de l'accueil des enfants autistes, les associations ne tardent pas à dénoncer une « discrimination d'État », et c'est un langage qu'elles emploient régulièrement sans qu'on les accuse de faire retour aux « années sombres »[30]. Que ce soit dans le code

30. En 2010, l'Association pour adultes et jeunes handicapés (Apajh) avait déposé à la Halde une plainte pour « discrimination

pénal français ou dans la Convention européenne des droits de l'homme, la définition de la discrimination n'inclut pas nécessairement l'intention délibérée, elle s'apprécie en fonction des conséquences pour une catégorie de personnes. La discrimination devient *systémique* quand l'État ou l'institution responsable s'abstient d'intervenir pour y mettre un terme. Si son silence persiste, il est permis de conclure que l'État ou l'institution discrimine. Sauf à prétendre que l'État ne saurait discriminer parce qu'il est l'État. Quel ministre de l'Intérieur, quel défenseur de la République oserait défendre pareille thèse ? Au vu de tous les éléments objectifs ici rassemblés, on est en mesure d'apprécier la portée réelle des imprécations de Taguieff : « *Jusqu'à nouvel ordre*, le racisme anti-Noirs "structurel" ou "systémique" n'existe aujourd'hui en France que dans les fantasmes plus ou moins paranoïaques des racistes anti-Blancs déguisés en militants racistes[31] ». Eh bien, le nouvel ordre est arrivé. Les faits sont là et ils sont têtus. La justice s'est mise en marche. Il est temps de mettre fin à la double peine qui consiste à laisser libre cours aux mécanismes

---

d'État » dans la non-application de la loi de 2005. L'association Vaincre l'autisme use de la même formule (en 2017, en 2019) pour dénoncer l'accueil insuffisant des enfants autistes dans les écoles publiques.

31. Pierre-André Taguieff, *op. cit.*, p. 300 (je souligne).

de discrimination dans notre société et, par-dessus le marché, à disqualifier les voix qui les dénoncent, leur fermant ainsi toute issue raisonnable. Je vous invite, cher collègue, à vous joindre au mouvement.

Recentrer les missions de l'État

Il est temps que la France sorte de son double déni. Dans le passé colonial comme dans la réalité d'aujourd'hui, que l'on fouille les archives ou que l'on mène des enquêtes expérimentales, l'islamophobie n'est pas seulement une réalité, elle est d'une ampleur insoupçonnée. Dans le passé, depuis les débuts de la conquête coloniale, elle s'exprimait ouvertement et pouvait prendre la forme d'appels au meurtre ou à l'extermination collective, y compris sous la plume de grands intellectuels. Les formes latentes qu'elle revêt aujourd'hui ne sont pas ourdies d'en haut mais prennent un caractère systémique si rien n'est fait pour les contrecarrer. Il convient d'agir en rééquilibrant l'enseignement de l'histoire – *sans déni ni repentance,* simplement avec lucidité – et en inventant de nouveaux outils pour lutter contre les discriminations. Sans quoi la France sera une fois de plus en retard d'une guerre dans l'*aggiornamento* de sa législation.

Certes, ces progrès dans la prise de conscience sont alimentés en partie par le droit européen. Mais pourquoi s'en inquiéter ? La souveraineté juridique, de nos jours, ne consiste plus à s'isoler du reste de l'Europe et à s'enfermer dans un universalisme qui ne vaut que pour soi. La souveraineté consiste à prendre la tête d'un mouvement européen de rénovation du droit et à admettre qu'on peut souverainement céder une part de souveraineté tout en gagnant en rayonnement international. La souveraineté cultivée chez soi et pour soi est un jeu perdant, qui ne fait que différer le moment nécessaire du rattrapage avec les autres nations. Le meilleur moyen de piloter un engin n'est pas de le prendre en marche. C'est particulièrement vrai pour la défense des droits, qu'ils soient individuels ou sociaux. En témoigne le succès de la Cour européenne des droits de l'homme : souvent critiquée parce que supranationale, elle reste en réalité très respectueuse des États membres, ce qui fait que les juridictions nationales lui font confiance et s'y réfèrent de plus en plus. La souveraineté élargie à l'Europe n'est pas une perte pour la nation, c'est un jeu à qui perd gagne. Est-ce si difficile à comprendre ?

En proposant ces analyses, je ne réclame aucune modification de la législation française ou européenne, rien qu'une application raisonnable qui mette en balance tous les droits. Nous avons déjà le droit de blesser autrui dans ses croyances. Mais comment croire qu'on puisse tisser ainsi le lien social ? Il nous faut aussi prendre au sérieux le droit des croyants à un minimum de respect.

Ce respect nécessite une vigilance accrue de l'État quant au maintien de sa neutralité. Les pouvoirs publics doivent se garder d'apposer leur sceau sur une production de matériels pédagogiques susceptibles d'outrager gratuitement les croyances et les croyants. Sans quoi, il contredit la thèse officielle d'une division juridique du travail selon laquelle la République garantit le respect des croyances en vertu de l'article premier de la Constitution, tandis qu'il revient à des médias totalement indépendants du gouvernement et à leurs libres consommateurs d'exercer leur liberté d'expression à l'égard des croyances religieuses, quitte à les outrager.

La liberté d'expression, de même que la liberté de conscience ou la dignité des personnes, fait partie des « droits fondamentaux » dits de première génération, ceux qui sont respectés quand l'État *s'abstient de toute intervention,* négative ou positive. La République ne peut cautionner en milieu scolaire une action de diffusion qui ne saurait, par définition, recueillir l'assentiment général des élèves et des familles. Elle doit s'en tenir au vieux principe de neutralité défini par l'école républicaine. La Cour européenne des droits de l'homme laisse aux États membres du Conseil de l'Europe une « marge nationale d'appréciation » relativement importante en matière de protection des libertés religieuses, au motif que la place du religieux varie fortement d'un pays à l'autre. Mais la pluralité des croyances, religieuses ou non, existe aussi au sein d'un même pays, y compris en France. Sauf à asseoir la « tyrannie de la majorité », comme disait Tocqueville, l'État se doit de respecter cette pluralité en évitant toute intervention positive qui impose à l'ensemble des élèves une croyance ou, inversement, sous couleur de « critique », le dénigrement d'une croyance. *A fortiori* si ce dénigrement franchit les limites de l'acceptable.

On en revient aux analyses de Paul Ricœur mobilisées dans ma lettre aux professeurs : préparer les jeunes à entrer dans un monde pluriel et pluraliste ne peut plus se faire en imposant d'autorité des contenus. La liberté d'expression, si poussée soit-elle, ne peut faire fi de la liberté de croyance : aucune ne peut supplanter l'autre. Mais le respect des convictions et des personnes exige aussi une action forte de l'État pour garantir aux jeunes de toutes origines que leurs efforts pour décrocher des diplômes ou acquérir de l'expérience professionnelle soient rétribués à proportion de leurs mérites, à égalité de chances avec les jeunes de même génération. La lutte contre les discriminations de toute sorte, y compris islamophobes, doit s'intensifier. On ne réglera pas la question par une police des mots au service du déni. Cette lutte doit aller de pair avec la lutte contre le déchaînement de la violence extrémiste sur les réseaux sociaux, elle en constitue un chapitre important. Le discours d'hommage du président de la République à Samuel Paty se devait de célébrer la liberté d'expression, mais il faisait référence à l'ensemble des questions sociales abordées dans cet essai. Le programme est tracé. Reste à l'accomplir.

Table des matières

Lettre aux professeurs d'histoire-géographie Ou comment réfléchir en toute liberté sur la liberté d'expression

(La Vie des Idées, 30 octobre 2020) 7

Octobre 2020 : crime et boniments 21

Une scène de crime piétinée par la polémique 22

Des professeurs en première ligne 38

L'insoutenable paradoxe de la liberté obligée 43

Desserrer l'étau 44

La tentation de l'absolu 57

Mahomet obscène : l'exercice absolu de la liberté ? 70

Quand l'État se lie à Charlie 85

« Nous ne renoncerons pas... »
Qui donc est ce nous *?* 90

Liberté de conscience,
liberté d'expression :
le défi des tours jumelles 97

La déclaration de 1789 :
les libertés nuisent-elles à autrui ? 98

« Liberté d'expression » :
le mot, la chose, l'effet 108

Proclamer les droits sans les garantir 114

La Déclaration universelle de 1948 :
un symbole 118

La Convention européenne des droits
de l'homme : une garantie 121

L'arrêt Handyside,
ou l'offense célébrée et condamnée 130

L'arrêt Preminger,
ou l'offense surréaliste 136

Croit-on les croyances
détachables des croyants ? 149

L'impossible scission 149

Charte de la laïcité et EMC :
place au respect 167

Règle d'or ou Règle de fer ? 170
Dura lex, summa injuria 175
Déshabiller le prophète pour rhabiller la collégienne 181
Quand la République séparait les sexes 186
La France, phare des libertés ou repoussoir ? 193

Histoire coloniale et discriminations : le double déni 197

L'islamophobie, une tradition française 198
La discrimination, une réalité qui se mesure 208
La discrimination ethnoraciale, une réalité massive 213
L'islamophobie à l'épreuve du testing 221
La force de l'approche intersectionnelle 224
Ce que « racisme systémique » veut dire 231
Recentrer les missions de l'État 240

MIXTE
Papier issu de sources responsables
FSC® C003309
www.fsc.org

L'éditeur de cet ouvrage s'engage dans une démarche de certification FSC® qui contribue à la préservation des forêts pour les générations futures.

CPI
FIRMIN-DIDOT
27650 Mesnil-sur-l'Estrée

Composition DV Arts Graphiques, La Rochelle.
Achevé d'imprimer par CPI Firmin Didot
à Mesnil-sur-l'Estrée.
Dépôt légal du 1er tirage : mars 2021
Suite du 1er tirage (2) : mars 2021
Numéro d'imprimeur : 163353
Imprimé en France